영원히 시들지 않는
십자화(十字花)

어느 사형수의 고백 (시와 간증)

영원히 시들지 않는 십자화(十字花)

구천구 지음

하나로 선
사상과문학사

서 문

"구천구"님의 영원히 시들지 않는 십자화(十字花)를 읽으며 많은 깨달음과 은혜를 받았다. "구천구"님은 등단 시인이 아니면서도 시인이 주는 감동과 감화가 컸다. 그것은 그가 남다르게 겪은 파란만장한 삶의 여정을 진솔하게 꾸임없이 표현했기 때문이다. 한 때는 예수 믿는 사람들을 핍박했던 그가 하나님의 섭리 가운데 주님을 인격적으로 영접하고 변화된 그의 마음가짐이 백팔십도 변했음을 고백하고 있다. 따라서 그는 거듭났고 구원의 맛을 맛보았기 때문이다.

방황하며/ 불안한 삶을 살아온 죄인을/ 평안으로 인도해 주셨네/ 세상 속 수 많은 사람들/ 멸시 천대 하였어도/ 주님은/ 포근한 가슴으로 안아주시고/ 위로해 주셨습니다// 고통의 구렁에 빠져/ 허우적거리고 있을 때도/ 주님은/ 어느 날 찾아와/ 건져 주셨습니다/ 이제 감사하며/ 순종의 삶 속으로/ 빠지려 합니다// 눈물기도 받으시고/ 내 아들아/ 너는/ 사랑하는 내 아들이다// 다정한 음성으로/ 축복하시어/ 영원히 아버지 나라에서/ 살아가게 하옵시니/ 구원의 참 맛/ 그 어떤 것으로도/ 비교가 안 되는 감격이요/ 기쁨과 희열이네.//「구원의 맛 전문」.에서 보는 바와 같이 구원의 참 맛이 어떤 것인지 몸으로 체득한 고백임을 알 수 있다.

구원의 맛을 맛보고 그 어떤 것으로도 비교할 수 없다는 고백이야 말로 거듭난 자의 감격과 기쁨인 것이다.

이처럼 구원의 맛을 제대로 맛본 자의 고백과 다짐이 새로운 각오로 그의 시 제1부 전체 속에 깃들어 있다.

그는 "아버지 집에 들어가니"라는 시 속에서도 이제 들어갈 것이라고 하지 않고 이미 들어갔다는 확신을 가지고 좋아하고 감사함을 감추지 못하고 있는 것이다. 그리하여 헤아릴 수 없이 수 많은 사람들에게 복음을 전하는 전도자가 되었는데 그의 멘토인 안홍기 목사님은 추천사에서 두 사람을 살해한 사형수인 애물단지가 "보물단지"로 완벽하게 변화되었다고 밝히고 있다. 33편의 그의 시 속에서도 그리고 제 2부 간증 "덤으로 얻은 생명"과 제 3부 부록에서 "필요한 사람(필요맨)"으로 살고 싶고, 죽어도 필요한 사람이 되겠다는 다짐과 각오를 볼 수 있다.

필자는 "구천구"님을 본 적이 없으나 그의 글을 통해서 그의 변화된 거듭난 확신의 삶의 모습을 볼 수 있었다.

성경은 "의인은 없나니 하나도 없으며 깨닫는 자도 없고 하나님을 찾는 자도 없고 다 치우쳐 함께 무익하게 되고 선을 행하는 자는 없나니 하나도 없도다(롬 3:10~12)"라고 하였는데 이 땅에 태어난 사람 가운데 죄 없는 자가 어디 있겠습니까?

환경적으로 또한 피치못한 사정과 상황으로 순간 감정을 억제하지 못하여 살인죄를 지고 담안 생활을 해온 처지에서 더욱 강팍한 마음이었지만 주님을 인격적으로 받아들이고 죄를 고백하여 용서를 받았다면 과거를 묻지 않으시는 하나님은 용서하시고 구원하신다는 것이 성경의 말씀이기에 "구천구"형제의 오늘의 모습이 매우 귀하다고 할 것이다.

그래서 형제는 하나님과 사람에게 필요한 사람(필요맨)으로 지내고 싶다고 밝히고 있음을 보게 된다.

그의 "시"와 "간증"과 "3부 부록"을 읽으면서 자신을 성찰하며 깨닫는 바가 많을 것이 분명하기에 많은 분들에게 일독을 권하며,

다시 한번 "구천구"님의 "영원히 시들지 않는 십자화(十字花)" 출판을 축하드리며 주님의 은총이 함께 하시길 축복합니다.

2021년 12월
박 영 률 박사
하나로 선 사상과문학 발행·편집인 / 시인
(사)우리나라사랑 이사장
국가발전기독연구원 원장(교육학·철학박사)

추 천 사

나는 2014년부터 법무부 장관으로부터 교정위원으로 위촉 받아 전국 교정기관의 형제자매들에게 살아계신 하나님의 말씀을 전하여 그들을 교화하는 사명을 감당하고 있다.

그러니 담 안에서 수많은 형제자매들과 교제를 하면서 좋은 관계를 형성하고 있는 것이다. 그러던 중에 대전 교도소에서 온 한 통의 편지를 받고 대전까지 달려가서 만난 형제가 바로 구천구 형제이다. 그의 고백대로 구천구 형제는 현재 대전교도소에서 25년 이상을 복역하고 있는 최고수(사형수)이다. 그를 만나서 느낀 것은 "참 잘 생겼다."라는 생각이었다. 그런데 그 보다 더 놀란 일은 그가 시를 쓴다는 사실이었다. 그러한 그에게 호감을 가지게 된 것은 당연한 일이다.

이유여하를 막론하고 내가 무조건 존경하는 세 부류의 사람이 있다. 첫째는 피아니스트요, 둘째는 마라톤 선수요. 셋째는 시인이다. 왜냐하면 내가 아무리 노력해도 할 수 없고 이룰 수 없는 영역이요, 달란트이기 때문이다.

피아니스트는 그 길고 짧은 수많은 음표와 쉼표를 어떤 때는 악보도 보지 않고 그 오랜 시간을 단 하나의 오타도 없이 연주하기 때문이요. 마라톤 선수는 42.195km를 쉬지 않고 뛰는 것은 물론이요, 100m를 16초 정도 속도로 쉬지 않고 뛰어 2시간 초반의 경이로운 기록으로 골인하기 때문이요. 시인은 아주 함축된 단어와 절제된 문장으로 자신의 마음을 표현할 수 있는 위대한 능력, 나는 감히 상상도 할 수 없는 분들이기에 무조건 존경하지 않을 수 없는 것이다.

그런데 구천구 형제가 그러한 세 부류의 존경스런 인물 중에 최고수(사형수)의 신분으로 시를 쓴다는 사실이 믿어지지 않았고, 그의 말이 사실임을 알게 되고 난 후에는 내가 이분을 위해 무언가를 해야겠다는 생각을 갖고 그분에게 한가지 약속을 하게 되었다.

"내가 형제님께 시집을 만들어 드리겠습니다."

그래서 구천구 형제로부터 시와 간증문의 원고를 받게 되었다. 그러나 여러 가지 사정으로 거의 6년 동안 그 약속을 이루지 못하고 부도를 낸 상태에서 지나게 되었다. 그러던 중에 억울하게 담 안에서 5년여를 지냈던 아픈 기억이 있는 자매와 대화하다가 "내가 목사지만 부도를 내고 말았습니다."라면서 구천구 형제에게 시집을 내준다 약속했지만 지키지 못했던 사연을 나누게 되었다. 내 고백이 그 자매의 마음에 감동을 주었고, 결국 그 감동은 그 자매와 어느 멋진 사업가의 후원으로 만들어진 사랑의 작품이 된 것이다.

비록 현재 구천구 형제는 법적으로는 최고수 즉 사형수의 신분이지만 나는 그 분이 이제는 영적으로, 신앙적으로는 사형수가 아니라고 생각한다. 왜냐하면 사형수의 피폐하고 혼돈의 영을 가진 사람은 결코 보석 같은 단어와 절제된 문장으로 시를 쓸 수 없기 때문이다. 그가 긴 세월동안 복역하다가 교도관으로부터 전도 받고 만난 살아계신 하나님께 자신의 끔찍한 죄를 고백하고, 또한 그로 인해 희생된 분들과 가족들께 진심으로 용서를 빌고 결국 그의 진심어린 회개를 하나님께서 들으시고 구원의 은혜를 베풀어 주셨기 때문에 이제는 하나님의 자녀가 되어서 그 피폐하고 혼돈의 영이 질서와 조화의 영으로 회복되었기에 쓸 수 있고, 쓰여진 작품이기에 박수를 보내지 않을 수 없는 것이다.

대전교도소에 사형선고를 받고 수감된 한 형제가 있었다. 그가 수감된 후로 대전교도소는 조용할 날이 없었다. 건방진 후배를 죽여 200토막을 내고 간을 꺼내 술안주를 한 사형수 이○○ 형제는 자신의 처지가 그 어떤 희망도 가질 수 없다 생각하고 탈옥시도 2회, 자살시도 3회의 진기록을 가진 형제요, 누구도 말릴 수 없는 악마나 다름없는 형제였다. 그런 그가 보기에 참 이상한 사람을 보게 된 것이다. 자기보다 나이가 많아 보이는데 자신과 같이 붉은 표찰을 달은 걸 보니 자신의 처지와 같은 사형수일진데 그는 언제나 웃는 얼굴을 하고 있는 것이다. 그 모습을 보니 은근히 부아가 치밀었다, 이○○ 형제는 한마디 쏘아 붙였다. "형씨, 형씨도 나와 같이 사형수인데 뭐가 그리 좋다고 볼 때마다 웃고 있는 거요?"

그 형제는 빙그레 웃더니 대답을 하였다.

"예, 형제님, 내 안에 예수님이 계시기 때문이지요."

"형제님도 이제 그만 자책하고 예수님을 믿어 보시지요……"

그렇게 말한 사람은 바로 구천구 형제였다. 그는 이제 두 사람을 살해한 애물단지에서 전도자라는 보물단지로 완벽히 변화된 것이다. 그의 진심어린 전도로 마침내 대전교도소에서 가장 포악하고 대책이 없는 이○○ 형제가 예수를 믿게 되었다는 것은 예삿일이 아니다.

그렇게 구천구 형제를 통해서 살아계신 예수님을 만난 이○○ 형제는 얼마 후 서울구치소로 이감을 가게 되었는데, 서울구치소에서 내가 가장 먼저 만난 사형수가 바로 이○○ 형제였던 것이다. 그런데 내가 만난 이○○ 형제는 대전교도소는 악마나 다름없는 가장 악질 사형수 이○○이었을지 몰라도 서울구치소에서 교도관들에게 소개받기는 전도 왕으로 180도 변한 삶을 살고 있는 것이었다.

그는 나를 만날 때까지 무려 1800여명을 전도한 전도 왕이라고 사회복귀과 기독교 주임이 칭찬하며 소개를 할 정도였다. 그러므로 인생은 전반전만 있는 것이 아니고, 하프타임도 있고 후반전도 있는 것이다. 인생의 전반전에는 끔찍한 살인자였을지라도 하프타임을 잘 준비해서 후반전에는 예수님과 한 팀이 되어 열심히 뛰다보면 자신들은 이미 전도자가 되어 있더라는 고백을 듣게 되었다.

일본의 '나가노' 목사가 5년 동안 '가가와 도요히꼬'라는 폐병쟁이 청년 겨우 한 사람 전도했는데 '나가노' 목사에게서 예수님을 발견한 '가가와 도요히꼬'는 그 사랑을 본받아 일본의 고아의 아버지가 되고, 나아가서는 중국 남경에서 중국 고아의 아버지로 살다가 패전 후 일본으로 철수하는 수백만의 일본인들과 군인들을 살린 놀라운 사역자가 된 것처럼, 구천구 형제는 자신의 영혼에 예수를 담고 생활하므로 결국 대책 없고 어떤 희망도 없는 사형수 이○○ 형제에게 복음을 전하고, 그 이○○ 형제는 수천 명을 전도해서 하나님께 영광 돌리는 전도자가 되게 된 것이다.

결국 그 이○○ 형제는 우리 글로벌 찬양의 교회가 서울구치소 파송 전도사로 임명하기에 이르렀다. 그래서 이○○ 형제는 우리 주보에 전도사, 그리고 사역지는 서울구치소로 소개하고 있는 것이다.

이러한 구천구 형제에게 나는 매주일 그 혼자라도 예배를 드릴 수 있도록 만난 지 6년 동안 한 주도 빠짐이 없이 설교문과 주보를 보내 주었다. 그러면 설교문과 주보를 가지고 담 안의 형제자매들은 주일 오후 2시에 삼삼오오 모여 살아계신 하나님께 예를 다

하여 경배를 드리는 것이다. 그러므로 구천구 형제는 예배를 통해서 지난날의 자신의 죄악을 돌아보고 남은 인생의 후반전은 승리자로 살기 위해 최선을 다하고 있는 것이다.

이제 구천구 형제는 사형수에서 하나님의 아들로, 그리고 인생의 후반전을 시인이요, 전도자로 살아가고 있다. 하나님께서 더욱 그를 사랑하셔서 계속해서 하나님과 나눈 사랑을 시로 수필로 쓸 수 있는 은혜를 베풀어 주시기를 기도한다.

아울러 이 책을 모든 분들에게 읽어 보시고 살아계신 하나님과 구천구 형제의 사랑이야기를 읽어 보시기를 권하고 싶다.

2021년 9월
안 홍 기
글로벌 찬양의 교회 담임목사
사단법인 세컨하프 이사장
법무부 교정위원

CONTENTS

서문 • 5
추천사 • 8

1부 시 詩 / 씨 뿌리는 마음

기쁨은 마음에서 시작 되리 • 18
씨 뿌리는 마음 • 20
파종 • 21
거듭 났으니 • 22
반백년이 가고서야 • 24
나의 몸은 • 26
나 이제는 • 28
이렇게 • 29
감사의 마음 • 30
고백 • 32
소원 (유언) • 33
주님을 사랑함은 • 34
기도 • 36
구원의 맛 • 38
아버지 집에 들어가니 • 40
새로운 마음 되어 • 42
이런 사람이 되게 하소서 • 44
내 영혼의 고향 • 48
용서 하지 않아도 • 50

내 마음 보내리 • 51
자랑 할 것은 • 52
그리스도의 향기 • 54
세상 속에서 버림받는다 하여도 • 56
가리다 • 57
주를 사모 하는 자 • 58
기다리겠어요 • 60
상처 • 62
봄 • 64
사랑은 • 66
사랑하기 때문에 • 68
불면증 • 70
죄인이기에 • 72
나를 위해 죽으신 주님 • 74

2부 간증

덤으로 얻은 생명 • 78

3부 부록

필요한 사람으로 (필요맨) • 106

1부 시 詩

씨 뿌리는 마음

기쁨은 마음에서 시작 되리

육신의 큰 고통
이겨 내려 함은
영혼의 기쁨을 얻으려 함이라
육의 아픔은 바람 같고
영의 기쁨 영원 하리

영과 육의 희비쌍곡선
희와 영의 결합은
알파와 오메가요
비와 육의 결합은
모래알 보다 작은 것이다

인고의 세월
이러한 것들을
느끼게 됨은
마음속 불신이 가득한 증거

희로애락에 희는
타인의 것도 아니요
먼 곳에 있는 것도 아니랍니다

눈멀고 귀 어두워 찾지 못할 뿐
잡으려는 욕심보다
베풀며 나눌 때 찾아온다.

씨 뿌리는 마음

열 두 농군 앞장 세워
밭 갈게 하고
거룩하신 손으로
씨를 뿌렸네
십자가 멍에 메고
밭갈이 할렐루야
믿음으로 밭을 갈고
소망의 씨를 뿌려
사랑담아 보살피니
풍성한 열매가 주렁주렁
향기로 가득
육십 배 백 배
풍년가 할렐루야
기쁨 되어 얼씨구나
주께 영광
흥타령
할렐루야

파종

새벽 별 소근 댈 때
님의 발자국 소리 들려온다
몸단장 하고
님 마중가세
두 손을 높이 들고
님을 불러
가슴에 품으세

행군 나팔 들려 온다
둥근 해여 솟아라
무향無香의 꿈
모두 벗어 버리고
애향愛香이 풍겨나는
십자가 매러 가세

할렐루야
일터로 가세
구원의 씨 뿌리고
혼신의 밑거름 되어
수확의 기쁨
주께 돌리세.

거듭 났으니

되돌아 올 기약 없고
멀고 험한 길이라도
나는 가리다
가겠습니다
고달픈 인생길
장도長塗라 할지라도
주께서 가신 그 길이기에
따라 가겠습니다

바람 따라
구름이 흘러가듯
정처 없이 떠도는
방랑자 인생이 아닌
아름다운 인생길
참된 삶이 있는
그 길을 찾아
떠나려 합니다

어떤 고난도
죽음도 두렵지 않습니다

주께서 주신 생명

덤으로 얻은 인생이기에…

반백년이 가고서야

세월 유수라 하였던가
유년이 어제 같은데
어느새 반백년이 가고
파란만장한 삶
아!
뒤돌아보니
짧고도 긴 세월이었네
초라해진 육신
바람 앞에 등불 같은 생명
이제는 미련 덩어리
세상 것 다 부셔 버리고
남은 삶 주께 맡기려 합니다
반백년을 무익하게 살아 왔으니
이후의 삶은 유익한 자 되리

영원한 생명수가 흐르는
빈부의 격차로
시기, 질투, 탐욕이 없고
평등, 평화, 사랑만 존재하는
주님 나라에 입성하는 소망을 담으리라

그곳에는 반백년을 살고서야
힘들게 상봉한 영혼의 아버지
주 여호와가 계시기에.

나의 몸은

내가 짊어 졌으나
나의 것이 아니네
육신도 마음도
내 것이 아닌데
어찌
내 마음대로 하랴
영혼까지도
창조주 하나님의 것
님의 뜻에 따라 살다가
부르시는 날
미련 없이 떠나면
그만인 것을

마음이 가는 곳
어디든 함께 하다
떠날 때 버리고 갈 육신
섭섭타 하지 말고
덩더쿵 얼싸춤으로
죄 사함 받아 가는 길에

마음의 짐이나
속 시원 하게 벗으면 되리.

나 이제는

이제 나는
주님이 계시기에
행복해요

이제 나는
주님 사랑 때문에
희망이 보여요

세상에서 채인 상처
치유해 주셨고
천국 소망 주셨으니
기쁨이 가득
은혜가 충만 합니다

성령이 내게 임하사
죄 씻김 받은 몸
나 이제는
주께 모두 바치렵니다.

이렇게

웃음이 있는 곳에선
행복도 만들 수 있습니다
남이 만들어 주는 것이 아닌
내가 만드는 행복이 진짜라지요
만드는 법을 모르신다면
그 분께 의지 하세요
우리의 모든 것들을 주관 하시는
아버지를 크게 불러 보세요
간절한 마음 담아
두 손을 모으고 무릎 꿇고서
행복이 만들어 지는 과정을 알게 될 것입니다
실천 하세요
그리고 감사 하세요
그 행복 배가 될 것입니다.

감사의 마음

시작이 있으면
끝이 있고
다시 시작되는
하루하루
한 달 서른 달
그리고
일 년 열두 달 365일

내일 또 내일
미래는 온다고 하였던가
뜬 구름 같은 것
내일에 올인치 말고
오늘을 챙겨보자

오늘 그리고 또 오늘…
이렇게
오늘에 최선을 다 하다보면
시작 끝은
언제나 새로운 것
내일을 기대 하지 말고

지나간 어제에도 미련 두지 말며
오늘에 감사하며 살다보면
언제나 새로운 오늘에만
감사하며 살게 되리라.

고백

힘들고 지쳐 넘어질 때
일으켜 주셨고
괴로워 울고 있을 때
보듬어 주시며
위로 하셨네
백번 천 번을 넘어져도
또 다시 손 잡아주실
나의 아버지
제 곁을 떠나가지 마옵소서
영원토록 함께 동행하여 주시옵길
사랑 고백 드립니다.

소원 (유언)

죄 값을 치르고
떠나 갈 때
나의 육신
다 식기 전에
쓸 만한 곳 떼어내어
필요한 사람에게 달아주고
새 생명 얻게 하여 주오
못 쓰는 것들은
타는 불에 구워 내어
청풍강 맑은 물에 뿌려주오
먼저 간 그를 찾아
용서라도 빌고 갈수 있게
지옥 인들 마다하리
나 어디든 가리다
모든 것 떼어주고
이 소원 이루게 하소서.

주님을 사랑함은

나 주님을 사랑함은
우연이 아니랍니다
주께서 저에게
손 내밀 적에도
나는
외면한 체
다른 것을 잡았습니다
사랑한다
아들아
애타게 불렀어도
못 들은 체
귀를 막고 있었습니다

넘어질 때마다
일으켜 주시려고 하셨지만
그 손을 뿌리치고
더러운 것들만 거머쥐었습니다
크신 사랑
이제야 알았습니다
주께서 그토록 사랑한

짝 사랑에
열매가 맺었음을
나 이제 고백합니다
사랑한다고
나 주님을 사랑함은
우연이 아니었음에
이제 그 사랑
가슴에 품고 살렵니다
그 모습 그대로
사랑하라 하신
주님 말씀 배웠기에
십자가 짊어지신
그 모습 증거 하여
주께서 바라시는
그 길을
갈려고 합니다.

기도

오 나의 사랑
은혜와 사랑으로
죄인을 불러 주신
주 여호와여
나 이제는
당신의 가신 그 길을
마음에 품고 따르려 합니다
십자가 의지하여
전진하게 하소서

힘이 들 때
십자가 기대어
쉬게도 하시고
다른 것(세상 것)에 의지 하지 않게 하소서
말씀으로 무장하여
사명감 감당 잘하는
일꾼으로 삼아 주소서
오로지 한 길 인생
주 안에서
모든 걸 이루어가는

멋진 자로 살게 하소서

언제나 중심 되시는
그리스도와 동행 하는
착한 일꾼 되게 하소서
죄의 쇠사슬 끊어 주시고자
십자가에 못 박히시고
사흘 만에 부활하신
예수 그리스도의 거룩하신 이름으로
기도 하는 자 되게 하소서.

구원의 맛

방황하며
불안의 삶을 살아온 죄인을
평안으로 인도해 주셨네
세상 속 수 많은 사람들
멸시 천대 하였어도
주님은
포근한 가슴으로 안아 주시고
위로해 주셨습니다

고통의 구렁에 빠져
허우적거리고 있을 때도
주님은
어느 날 찾아와
건져 주셨습니다
이제 감사하며
순종의 삶 속으로
빠지려 합니다

눈물기도 받으시고
내 아들아

너는
사랑하는 내 아들이다

다정한 음성으로
축복하시어
영원히 아버지 나라에서
살아가게 하옵시니
구원의 참 맛
그 어떤 것으로도
비교가 안 되는 감격이요
기쁨과 희열이네.

아버지 집에 들어가니

일체 타박 하지도 않았습니다
죄악 속에 뒤엉켜
많은 죄의 시를 뿌려 왔으나
돌아온 탕자로 받아 주시고
축복하여 주셨습니다

세상 것이 좋아서
제 멋 대로 살면서
주님의 부르심을 외면하였습니다
어느 날
길 잃은 나의 아들아
부르시는 음성이
귓속을 파고 들 때
회개의 눈물을 흘리며
아버지! 라고
크게 외쳤습니다

주님을 몰랐을 때
육신의 건강을 자신하며
행복 하다 느꼈습니다

허울의 몸부림 일뿐
만병의 집합체인 몸 이었으며
고난의 뻘 속을 뒹구는 신세였습니다
아버지 집에 들어가니
진정한 행복도 알게 되었으며
만병의 근원된
그 뿌리로 뽑아 버릴 수가 있는
처방법도 배우게 되었습니다

아버지 품 안에서
새로운 인생을 시작하니
고독에 울지 않아도 되고
마음속 추운 겨울과
영육간의 허기짐도 잊게 되었습니다
아버지 집에는
모든 것들이 갖추어져 있고
그 속에는
참된 삶이 기다리고 있었습니다.

새로운 마음 되어

산은 아주 작은 티끌 하나라도
거절치 않았기에
거대해질 수 있었다

바다는 어떠한 물이라도
싫다 하지 않았기에
대해를 이룰 수 있었다

내 마음 변덕스러워
좋을 때는 허허
기분에 따라 변화 되는
이기적인 삶을 살아왔었다

높은 산처럼
하늘과 바다 같이
넓고 깊은 마음 되어
그 어떤 것도 다
포근히 감싸 안을 수 있는 자가 되고 싶다
예수님처럼
가난한 자 병든 자

길거리에 차이는 돌멩이 하나라도
귀하게 여길 줄 알고
사랑할 줄 아는 마음이 되고 싶다
이제 주님의 자녀 되었으니
지금까지 하찮게 여겼던 것들도
사랑하며 살리라
새로운 마음 되었으니.

이런 사람이 되게 하소서

나의 장점을 자랑 하는 자가 아닌
단점을 고쳐 나가는 모습을 타인으로 하여금 교훈으로 삼을 수 있는
그런 자가 되게 하소서

과거에 얽매여 나 자신을 미워하며 괴로움에 눈물 흘리는 자가 아닌
고통에 시달리는 이웃들의 마음을 헤아릴 줄 알고 눈물 흘리는 자들의
눈물을 닦아 주는 자로 살게 하소서

남을 비난 하는 자가 아닌
나를 핍박 하는 자들을 주께로 인도하여 함께 천국 소망을 안고 살아가는 자로 남게 하소서

낙심의 눈물을 흘리는 이웃을 보면서 비웃는 자가 아닌
그런 사람들을 보면 긍휼히 여기며 기도해 줄 수 있는 자로 살게 하소서

성급한 마음으로 결과에 후회하는 자가 아닌

늦더라도 그 결과에 밝게 웃을 수 있는 자가 되게 하소서

눈치 없이 뒷전에서 방황하는 자가 아닌
주님 일을 눈치껏 행하는 지혜로운 자로 살아가게 하소서

남들에게 상처를 주고 민폐나 끼치는 자가 아닌
상처받은 영혼들을 위로 해주고 사랑으로 함께 하면서 그들에게
치유의 특효약인 믿음이란 영의 약을 소개하고 나누어 주는 자로 살게 하소서

주님의 사랑을 작은 그릇이 아닌 아주 큰 그릇에 가득 담는 자가 되어
이웃에게로 마음껏 퍼줄 수 있는 능력의 소유자로 살게 하소서

거짓된 마음으로 남을 유혹 하는 자가 아닌
참된 마음으로 불신의 벽을 쌓고 살아가는 불쌍한 영혼들을 인도하여
그들로 하여금 불신의 벽을 허물어 버리도록 인도하는 자로 살게 하소서

환난과 근심에 빠져 허우적거리는 자가 아닌 늘 웃으면서 기쁨을
　　만들어 내는 자로 살게 하소서

　　불신의 벽을 허물지 못하는 자들과 어울려 세상 희락에 빠져드는 자가 아닌
　　그들로 하여금 불신의 벽을 허물 수 있는 복음의 망치를 잡는 방법을 정확하게
　　가르쳐 주는 자로 살아가게 하소서

　　거룩하신 주님을 알고 그 이름을 날마다 부르짖으며 뜨겁게
　　사랑할 줄 아는 자로 살게 하소서

　　의심치 않고 참 믿음 가지고 모든 것 주께 의탁한 체 낮은 자리에 살게 하소서

　　지혜와 명철이 있는 자로 능력을 마음껏 펼치고 주어진 달란트를
　　제대로 활용하여 많은 결실을 맺는 자로 살게 하소서

주께서 주신 것들을 일부가 아닌 전부를 영광으로 돌리고 언제나 감사하며
살아가는 구천구가 되게 하소서!

내 영혼의 고향

나의 진정한 고향은
어디인가
태어나 유년을 보냈던
그곳도 아니요
열 달 동안 머물렀던
어머니 뱃속도 아닌
영혼의 내 고향은
아주 오래전
옛날
아주 먼 옛날에
내 영혼의 시작 되었던
그곳이
생각 날 듯 떠오르다가도
백지처럼
기억의 방이 하얗게 됩니다

마음이 머물렀던 곳
평안이 숨쉬고
아름다움이 피어오르는
내 영혼의 본향으로 돌아가고 싶어라

태초에 지으신
내 아버지 그 집으로
영원한 안식처가 있는 곳이기에….

용서 하지 않아도

나를 용서 하지 마세요
기만의 죄 너무도 크기에
용서가 되지 않을 것입니다
언젠가 당신도
하나님의 자녀 되어
그리스도의 사랑이 몸에 배이고
예수님의 용서 법을 알았을 때
그때
아주 조금이라도
생각 해 주시면 됩니다

나 이제
거듭 났으니
그대를 주님께 소개 하리다
기도
이것이 내가 가진 재산이기에
그대 위해
내 놓으리다
날마다 무릎 꿇고
두 손을 모으겠어요
회개의 삶에 빠지겠어요.

내 마음 보내리

거룩한 님
이 땅에 오시어
죄인의 손과 발 되시고
영혼까지도 주관하여 주셨습니다
온갖 고초 당하시고
희생의 제물 되시어 만물의
중심이 되셨습니다

이제 나는
세상 것 다 버리고
죽은 자를 살리시며
부활의 약속 이행 하신
예수님만 의지하여
천국 소망 이루겠습니다

사랑 합니다
나의 주인 되시는 아버지께
사랑 고백 드립니다.

자랑 할 것은

나는
자랑 할 것이 하나도 없습니다
세상 적 삶에는

나는
자랑 할 것이 너무도 많습니다
주안에서의 삶에는

나의 삶에는
자랑 할 것이 하나도 없으나
십자가에 못 박히신
예수 그리스도의 삶에는
모든 것들이
자랑거리가 됩니다

육신에 매여 살 때는
너무도 부끄러웠으나
주님의 자녀 된 삶에는
만족 하였습니다
이 한마디 남기고 싶습니다

마음먹기에 따라
나 같은 죄인도
자랑거리가 많아진다는 것은
축복이어라.

그리스도의 향기

흔들어 줄 때마다
숨겨 두었던
비밀의 문이 하나씩
열어 놓는 것처럼
향기를 풀어 주십니다
허브란 식물보다
수백 수천 배
아니 수만 배 더 강한
아름다운 향기를

두 손을 높이 들고
할렐루야 찬양하고
가슴을 부여잡고
기도로 매달릴 때
그 향기
나에게로 임하리라

십자가 붙잡고
간절한 고백 속에
내 영혼이 밝아지며

진한 예수의 향기가
죄인의 몸에서도 피어나리
사랑의 향기가
온 누리에 가득하여라.

세상 속에서 버림받는다 하여도

세상을 쫓는 모든 사람들이
칭찬의 도구가 되기보다는
그들에게 버림받아
주님 보시기에 기뻐할
순종자가 되고 싶습니다

세상 부귀 다 준다 하여도
이제는 싫습니다
아버지의 일꾼으로 사는 것이
최고의 삶이며
그곳에 더 행복이 있으니까요

세상 속에서
왕따 인생이 되어도
두렵지 않습니다
천국 백성 되는 소망이 있기에
나는
그 길을 택하겠습니다.

가리다

나는 가리다
성령의 임하는 곳으로
찾아서 떠나리
사랑으로 채워주시는
그 분을 찾아서

안식이 있는
내 영혼의 고향을 찾아
항해의 돛을 펴리라
험한 파도 일어도
주 동행 하시니
두려움 없어요
폭풍우로 잠재우시는
님의 손 잡고서
떠나려하네

가리라
나를 자녀 삼아 주신
아버지의 집으로.

주를 사모 하는 자

하나님을
아바 아버지라 부르며
말씀에 순종 하는 자
주님의 자녀와

주님을 사모 하는 자
어떤 시련이 닥쳐와도
포기 하지 않아요
비굴 하지도 않습니다

영원한 삶
승리의 깃발
주와 동행함에 있으리

이제는
죽음도 두렵지 않습니다
당당하게
기쁨으로 찬양하며
떠날 수 있습니다

주님을 사모 하는 자로
살아가리라.

기다리겠어요

용서의 그 날까지
기다리겠습니다
기다리다 지치면
세월의 방에서
말씀과 벗하여
쉬기로 하면서
내 님
오실 그 날까지
회개도 할래요
새로운 영혼을 만들어
사랑님
내게 오시면
그 때
기쁨의 눈물 섞어서
사랑 노래로 부르겠습니다
긴 세월
너무 지루했음에
푸념도 곁들이며
마음껏 감사도 하며
아,

그날을
기다리겠어요.

상처

괴로움에 울어야 하고
외로움에 지쳐버린 인생
허무한 삶에 얽매어서
십자가를 부인 하였고
시궁창에
나의 영혼 던져 놓고
희망의 끈마저도
포기하려고 했던 나
떠오르지 않는 옛것들을
찾아 헤매었던
어리석고 불쌍한
나의 운명아
아,
회개의 눈물 흘리며
죄를 자복 하련다
곪아 터질 듯한
부끄러운 상처를 드러내고
치유자 되시는
전능의 주께
치유 받으리라

소망의 새 삶으로
살아가리라.

봄

동면에서 깨어
기지개를 켠다
개구리도 봄나들이
벌과 나비
꽃 찾아 날갯짓

봄이 라네
먼 산에 아지랑이
무지개는 나를 유혹하고
소쩍새 노래하는
봄이 라네

나른함의 하품은
오수에 들게 하고
하늘하늘
천사들 춤사위에 한바탕
일장춘몽
춘삼월의 꿈이어라
봄소식 전하려 하네
만인에게 전하러 가세

할렐루야
봄노래 흥겨운
봄이 라네

사랑은

사랑은
하나가 되는 것
두 마음을
하나로 엮는 것

사랑은
마음을 나누는 것
아픔도 함께
이겨 내는 인내

사랑은
한 울타리 안으로
동행 하는 것
생사고락을 함께 하는 것

사랑은
나의 놀이터 이어라
온통 세상은
희락의 동산

사랑은
조건 없이 주는 것
주고 또 주고
더 주고 싶어 하는
마음이어라

사랑하기 때문에

당신을 사랑하는 이유는
무조건 좋기 때문입니다
사랑하기에
눈물 흘릴 일 있어도
감사 하며
그 눈물 흘리려 합니다
비가 내린 다음
더욱 단단해지는 땅처럼
눈물 뒤에는
기쁘도 따를 테니까요

사랑 때문에
핍박당해도
참아 내겠습니다
더 큰 은혜와 축복이
주어지기 때문에
벙어리가 될 것입니다

사랑 때문에
세상을 버려야 하고

육신의 안일함 모두 다
포기 한다 하여도
나 그렇게 하겠습니다
주님을 사랑하기 때문에

불면증

언제부터인가
이상한 버릇이 생겼다
잠속에 빠져들 깊은 밤
잠 못 이루고
성경이라도 볼라치면
눈에 피로가 오고
모든 시름 털어 볼까
눈을 감으면
자꾸만 되살아나는 희비(喜悲)
형제들의 쿠 고는 소리와
이빨 가는 소리로
부러움의 대상이 되고
불러 보고 싶은 찬송을
마음으로 불러 보지만
제자리
이리 뒤척 저리 뒤척
마, 막, 눅, 요
아브라함은 이삭을 낳고
이삭은…
하나님이 세상을 이처럼 사랑하사…

태초에 말씀이 계시니라
수면 효과를 얻어 보려고
여러 방법을 써 보지만
두 눈 멀뚱멀뚱
불면증인가
그래 그렇다면
기도로 새벽을 맞이해 보자.

죄인이기에

의인은 없나니
하나도 없다 하였듯이
죄인을 찾아
이 땅에 오신
예수님을 사랑하기에
죄인 된 몸으로
기다리겠어요
의로움을 추구 하는 자로
평범한 주의 자녀 되어
기도 하고
감사 하며 살리라

주님의 성품 존경하며
아주 작고 작은 자 되어도
가장 높으신 보좌에 앉으신
주 영광 위하여 살려고 합니다

병든 자에게
의원이 필요 하듯이
죄인을 만나러 오실

주님을 기다리며
살아 갈래요
그리스도의 피로
죄 씻김 받은 몸이 되었지만
날마다 죄인 된 몸으로
순종의 삶을 살렵니다
나는
죄인이기에…

나를 위해 죽으신 주님

십자가에 못 박혀
신음 하시던
당신의 목소리가 들려옵니다
무덤 속을 나오실 제
기쁨의 환성 보다
두려움에 떨었던
여인들의 모습도
제 눈에는 보입니다

주님의 두 손과 발
구멍 난 옆구리에선
죄의 냄새가 아닌
은혜의 향기가 풍겨 남을
저의 코가 기억 합니다

천군 천사 호위 속에
더욱 빛이 나시는 주님
거룩하신 그 모습이
온 누리 퍼져갑니다

만백성 구원 위해
죄의 사슬 끊으려다
가슴에 피멍이 들고
독생 성자 고통당하심
이 죄인 성경에서 보았습니다
그리고 느꼈습니다

마음의 눈으로 보았습니다
영혼의 귀를 열고 들었습니다
그러므로
당신은 나의 아버지
나를 위하여
십자가에 못 박히셨습니다.

**2부
간증**

덤으로 얻은 생명

덤으로 얻은 생명

저는 1998년 4월 아닌 5월 중순경 까지만 해도 하나님을 전혀 몰랐습니다. 그렇기 때문에 영생의 길이 어떤 것이며 왜 예수란 사람은 십자가에 못 박혀 죽었는지 부활이 어떻고 구원이 어쨌느니 아무리 떠들어 대어도 저는 하나님 자체를 부정하며 살아왔습니다.

오직 나 자신 만을 내세우며 아집과 탐욕이 득실거리는 그런 세상이 좋다고 죄의 구렁에 빠져서 살아왔던 것입니다.

그러한 삶으로 살아온 결과는 끝내는 사형수라는 엄청난 죄를 저지르고 죄수복 가슴에 빨간 명찰을 달아야 했으며 많은 사람들로부터 멸시와 냉대를 받아야 했고, 사랑하는 가족들에게 까지도 고통을 안겨 주어야 하는 무책임 하고 인간 말종이 되어 버렸습니다.

이러한 저의 모습이 너무너무 싫다고 가족들은 모두 다 나의 곁을 떠나 버렸으며 의리로 뭉쳤다던 친구들마저도 등을 돌려 버렸으니 저는 결국 외톨이가 되고 말았습니다.

그러나 단 한분만은 저를 외톨이로 그냥 내버려 두지 않고 구원의 손길을 내밀어 주셨고 지옥의 문턱에서 건져 주셨습니다.

아주 작은 것이라 하여도 나에게 잘못한 사람이 있을 때는 용서해 주지 않았고 남을 배려하기는커녕 조금도 생각할 줄도 모른 체 정말 이기적인 성격으로 자존심은 또 얼마나 강했던지 다른 사람에게는 그 어떤 것으로도 지지 않으려는 오기로 똘똘 뭉친 사고방식으로 살아온 사람이었습니다.

그러한 성격 때문에 사형 선고를 받아 마땅한 범죄를 저질렀던 것 같습니다.

참으로 인간의 삶은 천태만상이라 할 수 있겠고 이렇게 각자의 다른 삶을 살다가 죽어간 사람들을 평가하는 방식 또한 여러 가지 형태로 분류될 것이라 생각됩니다.

대부분 사람들은 흔히 살아 있을 때 관리만 잘하면 되는 것이지 죽은 다음엔 무슨 소용이 있겠냐는 사람들이 정말 많다는 것을 책이나 여러 가지 매체를 통하여 보고 들으면서 알게 되었습니다.

그러나 이런 생각들은 아주 잘못된 생각이 아닌가 하게 됩니다. 살아 있을 때의 자기 관리도 중요하지만 죽고 난 이후의 평가도 무시해서는 안 된다는 것이지요.

예전에는 저 역시도 죽어 버리면 그뿐이지 하는 생각을 가지고 살아왔었으니까요. 그런데 그게 잘못된 사고방식에서 비롯된 것임을 뒤늦게 깨닫게 되었습니다.

그러므로 하루를 살다가 죽는 한이 있다 하여도 그 하루의 삶이 어떠한 삶을 살았나, 과연 무엇을 하였으며 어떤 목적을 위해 살았고, 선과 악의 두 갈래 길 중에 어느 쪽 길에 발자국을 남긴 삶을 살았느냐에 따라 그 사람의 성품과 질은 저울대 위에 올려질 것이라 생각하게 됩니다.

그리고 그 사람은 성공의 삶을 살다가 갔느냐 아니면 실패의 삶을 살았냐, 저울추의 기울기는 타인들의 의해 정해질 것입니다.

예수 그리스도께서 이 땅에 오셔서 우리의 죄를 대신 짊어지고 십자가에 못 박혀 죽으셨으며 약속하셨던 부활로 제자들 앞에 나타나시어 참된 구원의 확신과 사랑의 실천 방식을 손수 보이시고 (예수는 하늘로 가심을 본 그대로 오시리라 행 1:11) 본 그대로 오시겠다는 약속을 하시고 승천하시어 하나님 우편에 앉아 계시며 날마다 모든 백성들의 일거수일투족 미세한 숨소리까지 보고 들으시는 예수님이야 말로 세상에서 아니 우주 만물 중 가장 고귀하시고 제일 값진 삶을 사신 분이라 할 수 있을 것입니다.

세상 적 풍습에 물들어 살던 인간이 어찌 하나님과 동일하신 예수 그리스도와 감히 비교할 수 있겠습니까만, 그래도 하나님 형상으로 지어져 태어났다면 백해무익한 삶만을 살지 말아야 하지 않을까 생각하게 됩니다.

사랑하는 가족은 물론 친지 그리고 타인들에게 까지도 누구 때문에 잘못되었다는 원망의 말만은 죽은 다음이라도 듣지 말아야 하지 않겠습니까?

이왕이면 그 사람 덕분에 『덕분에』란 말이라도 들을 수 있는 삶을 살다가 가야 하거늘 나는 무엇인가?

죄의 본성도 모른 체 혼자 잘났다고 으스대며 살아왔고 세상

만물을 창조하시고 인간의 생사화복 까지도 모두 주관하시는 그분이 누구이며 그분은 나에게 어떤 것을 주셨으며 무엇을 원하고 계셨고, 아주 소중한 달란트를 주셨건만 그런 것도 까마득히 모르고 오히려 생명력도 그 무엇도 없는 형상을 만들어 놓고 거기에다 온갖 음식을 한 상 떡 벌어지게 차려 놓고 북 치고 장구치고 꽹과리 장단에 맞추어 어느 나라에서부터 유래되어온 춤인지 알 수도 없는 몸동작으로 오만 오도 방정을 다 떨어대는 무당이 시키는 대로 손이 발이 되고 발이 손이 되도록 비벼대며 치성을 드리면 모든 소원도 이루어지고 의식주는 물론 생과 사, 뜻하는 어떤 것이라도 다 해결되는 줄만 알고 완전히 샤머니즘에 빠져 살아온 어리석은 나 자신이 아니었던가.

  나는 나의 삶에 자신을 가졌었고 어떤 어려움과 고난이 닥쳐와도 내가 받들어 모시는 신(神)만 잘 믿고 그 앞에 무릎 꿇고 두 손을 비벼대며 빌기만 하면 모든 것들이 해결되는 줄 알고 47년간을 그렇게 살아왔던 것입니다.

  그런데 이제 실패로 끝나는 인생, 죽음의 문턱에 한 발을 올려 놓고서야 그게 아니었구나 하고 깨닫게 되었으니 죄 위에 또 죄가 겹쳐지는 현실을 맞이하고서야 어리석은 나 자신을 발견하게 되었고 지나온 세월을 되돌아보면서 한탄의 두 주먹을 움켜쥐고 몸서리치는 후회로 회개하고 자복하게 되는 나를 나 자신이 보아도 참으로 한심스럽고 불쌍한 인생을 살았구나! 할 수밖에 없습니다.

이제는 나 자신을 완전히 바꾸어야 한다는 것을 알게 되었습니다. 행동이 바뀌고, 마음이 바뀌고, 삶 자체를 완전히 변화시켜야 할 것이며, 세상 죄는 세상적 법에 맡겨 버린다 하여도 이제 내 영혼의 죄라도 깨끗하게 씻어내고 구원을 받아야 하지 않을까 간절한 마음이 되곤 합니다.

구원, 그렇습니다.

나를 구원해 주신 분은 오직 한 분 예수 그리스도뿐이십니다. 십자가를 지시고 머리에 가시 면류관을 쓰셨으며 골고다 언덕까지 모진 고초를 당하시며 끌려가셔서 손과 발에 못 박혀 나의 죄를 대신하시기 위하여 피를 한 방울도 남기지 않고 다 흘리시고 "엘리 엘리 라마 사막 다니"를 큰 소리로 외치신 다음 죽으셨고 장사 한지 사흘 만에 부활의 영광을 보이신 그분을 믿고 그분의 말씀에 순종하여 바울 사도처럼 기쁘고 복된 소식을 아직도 어둠 속에서 밝은 빛이 어떤 것인지 그 자체도 모른 체 죽어가는 불쌍한 영혼들에게 밝은 빛이 어디에서 생겨나며 기쁨이 어떤 곳에서 나타나는지 모르고 살아가는 영혼들에게 그것을 가르쳐주고 영생의 길로 인도하는 것이 먼저 구원받은 자의 소임이며 보람된 삶이 아닐까 생각합니다.

사도 바울처럼 이런 삶으로 변화되어야 조금이라도 뜻있는 삶이 될 것이며 실패의 저울대 위가 아닌 아주 작은 추에 속할지라도 성공의 저울대 위에 올려지게 되고 좋은 평가로 남겨 놓게 될 것입니다.

칠성당이니 용왕 신 심지어는 뱀 까지도 신으로 섬기고 신(神)의 종류를 다 셀 수 없을 만큼 각 가정마다 한두 가지 신들을 섬기며 사는 정말 여러 형태의 신들의 온상지라고 하여도 과언이 아닐 정도로 많은 신(神)을 섬기고 사는 무속신앙의 본거지인 제주도 작은 시골마을에서 1952년 유채꽃이 피는 음력 3월에 삼 형제 중 막내로 태어났습니다.

제가 태어나 겨우 걸음마를 하기 시작하던 다음 해 5월에 바다에 미역 채취를 다녀오신 어머니는 갑작스러운 병으로 약도 제대로 써보지도 못하시고 돌아가셨고 어머니를 너무 많이 사랑하셨던 아버지께서는 식음을 전폐한 채 평상시에는 술을 입에도 안 대셨던 분이 날마다 술만 마셨고 그러던 중 휘발유가 들어 있는 줄 모르고 소주라 생각하고 그것을 마셔 버린 아버지는 위에 이상이 생겨 15년 동안 환자의 몸으로 계시다 제가 중학교 2학년 때 돌아가셨습니다.

저는 어머니가 돌아가신 후 그때 당시 80이 넘으신 할머니께서 저를 키워 주셨으며 어려서부터 조금이라도 아프기라도 하면 할머니께서 무당을 불러다 굿을 하든지 아니면 동네에서 가장 연세가 많으신 할머니(동네에선 이 할머니를 삼신할매라 불렀음)를 모셔다 음식을 차려놓고 그 할머니가 병을 낫게 해 달라고 한 두 시간쯤 주문을 외면서 빌고 나면 신기하게도 병이 씻은 듯 낫곤 하는 것을 보고 직접 느끼면서 자라 왔기 때문에 어려서부터 나이가 들 때까지 오직 세상에서 가장 위대한 신(神)은 귀신이며 그러기 때문에 미신을 믿어야만 살 수 있다는 고정관념에 사로 잡혀 살아왔던 것입니다.

특히 귀신이 존재한다는 것과 미신을 믿지 않으면 안 된다는 생각을 가지게 된 사건이 있었는데 그것은 아버지가 돌아가시고 일 년째 되던 해에 아버지의 혼이 다른 사람의 몸을 빌어 저와 저의 가족 그리고 동네 여러 사람들 앞에 나타나는 사건이 있었기 때문입니다.

아버지께서 15년 이상을 쓰셨던 방을 비워 둘 수가 없어서 동네 아주머니께 쓰시도록 빌려 드렸는데 그 아주머니가 그 방을 사용하신 지 3개월쯤 되었을 때 아주머니께서 갑자기 병이 생겼고 시름시름 앓다 어느 날 숨을 거둘 시점에 까지 왔는데 이것을 안 아주머니 친지들과 친한 이웃들 그리고 삼신할머니란 분도 한자리에 모여서 아주머니 임종을 지켜보고 있었습니다.

아주머니가 숨을 쉬지 않았고 그로 인해 모여 있던 사람들은 울음바다를 이루었습니다.(저는 그 시간에 아주머니가 있는 연결된 뒷방 다락방에 숨어 있었습니다. 학교 문제로 큰 형님께 잘못한 죄가 있어서 형님을 피해 그곳에 숨어 있었기 때문에 그 상황을 눈으로 보는 것처럼 자세히 알고 있었습니다.)

모두들 눈물을 흘리면서 고인 된 아주머니의 명복을 비는 마음들이 되었을 때 삼신할머니란 분께서 그곳에 있는 모든 사람들께 조용히 하라고 했고 그때 죽었다고 생각되었던 아주머니는 눈을 뜨면서 삼신할머니께 저의 할머니와 저의 가족 모두를 불러 달라고 부탁을 하셨는데 그 목소리는 아버지가 살아 계셨을 때의 그 목소리와 똑같았다는 것입니다.

저의 할머니와 형님, 형수님 그리고 새어머니(7년간 아버지 병수발을 들으셨던 분)가 모이자 왜 막내(막내는 저를 가리키는 말)는 내려오지 않느냐는 말씀과 함께 큰 형님께 이미 젖도 제대로 먹지 못하고 자란 불쌍한 막내를 왜 그리 구박하느냐? 다시는 그러지 말고 가엾게 여겨주라고 하시면서 제가 있는 쪽을 향해 "막내야 어서 내려오너라"는 것이 아니겠습니까?

어린 마음에 겁도 나고 어쩔 줄 몰라하고 있는데 큰 형님께서 옆방으로 오셔서 저에게 내려가자고 하였고 저는 형님을 따라 그 아주머니 앞에 무릎 꿇고 앉았습니다.

약 2시간에 걸쳐 아버지께서 살아 계셨을 때 하지 못했던 말들을 털어놓으셨고 지금은 완전히 떠나지 못하고 자신의 혼이 구천을 떠돌고 있으니 길을 닦는 굿을 크게 한번 해달라는 부탁을 하시고 저의 가족들 모두와 모여 있던 사람들로부터 술을 한 잔씩(대접으로 한 대접씩) 받아 마신 다음 이제는 가야겠다는 말씀과 함께 아주머니는 눈을 감아 버렸습니다.

한 참 후(1시간 정도) 깨어나신 아주머니는 아무 일도 없었다는 듯 금방 잠을 자고 일어난 사람처럼 건강한 모습으로 자리를 털고 일어나는 기이한 일을 직접 목격한 저로서는 다른 종교란 생각할 엄두도 낼 수 없었고 행여 다른 마음을 먹는다면 당장 큰일이라도 생기고 죽음이 닥쳐 들어 지옥으로 떨어지게 될 것이라고만 굳게 믿고 살았으며 겁이 나서도 다른 종교란 감히 생각조차 할 수 없는 상태에서 47년간을 살아왔기에 하나님이니 예수님이니 남들이 아무리 떠들어도 저는 관심조차 가지지 않았습니다.

예수가 누구며 무엇을 하는 사람인지 하나도 궁금해하지도 신경을 써 본적도 없이 살아왔던 것이 바로 저의 지난 삶이었습니다.

어쩌다 예수 믿고 천국 가자고 전도라도 하려고 말을 걸어오는 사람을 볼 때면 그런 사람들을 징그럽게 생긴 벌레처럼 생각하였고 무조건 가까이 오지 못하도록 경계를 하면서 쌍스럽고 정말 입에 담지도 못할 아주 흉측스러운 욕과 함께 때로는 주먹질과 발길질도 서슴지 않았습니다.

집 현관이나 편지함 등에 전도지라도 보일 때면 아주 흉물스러운 것이라도 본 양 발로 밀어내기도 하고 다른 도구를 사용하여 다른 곳으로 치워 놓고는 손과 발을 여러 차례 비누로 닦아 내는 등 예수 믿는 사람이라면 타인이 보아도 표시가 날 정도로 정말 싫어하는 삶을 살아왔었습니다.

제가 이곳 대전 교도소에 온 것은 1996년 10월 25일 오후입니다.

사건 장소가 충북 제천이기 때문에 검거는 수원에서 되었으나 1심 재판을 제천에서 받았고 항소심 때문에 이곳 대전 교도소로 이송이 되었던 것입니다. 1997년 4월 말경에 2심 재판에서도 사형 선고를 받고 다음날 5월 30일 대법원 상고심에서도 1심과 2심

형량인 사형을 선고받아 확정이 되었습니다.

사형 확정이 되고 1년, 1998년 5월 29일 예수님을 영접하기 이전까지는 하루하루가 저에겐 피를 말리는 날들이 연속되었습니다.

아침이 밝아오면 오늘이 나의 마지막 날이 아닐까 불안에 떨어야 했으며 오전이 지나 오후가 되어서야 아 오늘도 살았구나 안도의 숨을 몰아쉬는 참으로 불안과 초조의 날들이 아닐 수 없었습니다.

보통 사형집행은 확정일로부터 6개월 이내에 이루어진다는 말을 들었고 집행자들을 오전 9시경에 데리고 간다는 것을 알고 있었으니 오후가 되기까지는 항상 긴장상태가 되었고 교도관들의 발자국 소리만 들려도 귀를 쫑긋 세우고 혹시 내가 있는 거실 앞에서 멈추어 서서 "구천구"씨 하고 부르는 것은 아닌가 불안에 떨어야 했던 그때의 삶을 지금 생각하면 부끄럽기만 하고 얼굴이 붉어집니다.

이처럼 불안과 초조한 생활 속에서도 저는 예수 믿는 사람들을 여전히 미워했다는 것입니다.

그때 당시(96년 ~ 98년 5월) 제가 있던 사동(미결 3사 상층) 옆 건물(5사 상층)은 기결수 기독교 사동이었습니다. 하나님을 믿는 수용자들이 모여서 아침저녁이면 찬송가를 부르고 특히 토요일 오후와 주일이 되면 여러 개 방에서 각 방마다 다른 찬송가를 큰 소리로 부르고 통성기도까지 정말 시끌벅적 그 자체였습니다. 이런 소리를 들을 때마다 나에게 욕하는 소리처럼 들렸고 한마디로 염장 지르는 소리로만 느껴져서 저는 고래고래 소리를 지르면서 욕설을 퍼부었고 거실 출입문을 발로 걷어차기도 하였고 자살방지를 위해 3미터 정도 되는 쇠사슬로 저의 양 손목과 허리를 감아 자물쇠로 채워 둔 것을(손목 양쪽에 수갑을 채우고 그 위에 쇠사슬로 다시 자물쇠 채우고 허리에까지 자물쇠를 채웠음) 허리에 둘러진 사슬을 수단껏 빼어낸 다음 그것으로 창틀을 후려치면서 사회 있을 때 그 짓을 하지 왜 여기 와서 그 따위 짓으로 다른 사람들을 못 살게 하느냐며 말도 안 되는 소리로 고함을 지르기도 하였고 교도관을 불러 저 소리 좀 안 들리게 해달라고 짜증을 부리며 시비조로 항의도 하곤 하였습니다.

이처럼 이기적이고 될 대로 되어라의 인생이었던 저에게도 부질없는 생각이나 불안으로 가득했던 마음까지도 봄날에 피었다 흔적도 없이 흩어져 버리는 아지랑이처럼 나의 모든 것들도 봄바람에 실어 다시는 오지 않을 곳으로 날려 보낼 수 있는 기회가 찾아왔던 것입니다.

하나님을 몰랐을 때의 그 추악했던 모습들, 남들로부터 손가락질을 받아야 했고, 귀가 따갑도록 욕을 먹었던 그 어리석은 인생은 믿음과 함께 종지부를 찍고 새로운 삶의 신호를 울리게 되는 계기가 찾아왔습니다.

참으로 오늘 일 모르고 내일 일을 모른다는 옛 어른들의 말씀이 맞다는 것을 깨달을 수 있는 기회가 저에게 온 것입니다.

1998년 5월 26일 오후 치통이 심하여 치료차 의무과에 가게 되었는데 그곳에서 직원 한 분과 처음 만났는데 이 직원이 바로 저를 하나님께 인도해주신 분입니다. (그때 당시 대전교도소 기독교 신우회 총무를 맡고 계셨던 김종흠이라는 분)
　첫 대면에 저에게 하시는 말씀이 하나님을 한번 의지해 보라는 것이었습니다.
　이 말을 들었을 때 거부감이 생겼고 썩 좋은 마음으로 받아들여지지가 않았음은 물론 그 직원 얼굴도 쳐다보기가 싫었습니다.
　다음날 또다시 이빨 치료차 의무과에 가게 되었고 그 교도관도 만나게 되었는데 이번에는 하나님이 어떻고 예수님이 어쩌고 하면서 한참 동안 많은 말을 했지만 저는 하나도 이해가 되지 않는 말들이었기에 듣는 등 마는 등 슬슬 짜증이 나기 시작했고 저의 이마에 내 천자가 그려지기 시작하자 그것을 눈치챘는지 하던 말을 중단하고 자기가 보던 것이라며 오래된 성경책을 주면서 한번 읽어 보라는 말을 하였습니다.
　저는 성경책을 받아 들고 치료를 마친 다음 투덜거리면서 사동 거실로 돌아와 들고 온 성경책을 내팽겨치듯 책들이 놓여 있는 곳에 던져 버렸습니다. 기분이 상했던 것이지요. 그러나 제 기분대로 교도관에게 화라도 낸다면 이빨을 치료하는데 지장이 있을 것 같아 마음속으로만 "내가 미쳤어 하나님을 믿고 성경이나 읽게" 하는 소리를 하면서 가지고 다니던 염주 알을 더욱 열심히 손안에서 굴려 댔습니다.

그날 밤을 보내고 아침이 밝아 올 무렵 또다시 오늘이 마지막 날이 아닐까 불안한 마음이 되어 이불을 머리까지 뒤집어쓰고 가만히 누워 있었는데 어디선가 노랫소리가 나를 부르는 것처럼 들려오는 것이었습니다.

날마다 귀찮아하면서 듣기 싫어도 들었던 찬송가 소리지만 이 날 아침에 들려오는 소리는 다른 날과는 판이하게 다른 음색으로 저의 귀를 쫑긋 세우게 하였습니다.

"세상에서 방황할 때 나 주님을 몰랐네
내 맘대로 고집하며 온갖 죄를 저 질렀네
예수여 이 죄인도 용서받을 수 있나요
벌레만도 못한 내가 용서받을 수 있나요."

바로 옆 사동에 있는 기독교를 믿는 사람들이 아침 예배 전에 부르는 찬송이었습니다.

노랫소리가 저의 귓속으로 파고들면서 마음을 흔들어 대기 시작하는 것이었습니다. 어제 까지만 해도 감정이 역행하는 소리로만 들렸었는데 웬일인지 가슴 깊은 곳으로 파고들면서 감동을 주었고 생각지도 못한 눈물이 흘러내리기 시작했습니다.

평상시 생각하길 나는 눈물샘이 예전부터 말라 버렸기에 어떤 감동적인 순간이 와도 나의 눈에선 눈물 한 방울 나올 일이 없을 것이라고 생각하고 있었는데 나 자신이 당황스러울 만큼 눈물샘이 터져 버렸던 것입니다.

나도 모르는 눈물을 흘리며 이불을 뒤집어쓰고 훌쩍거리고 있을 때 거실 동료 중 두 사람이 나의 곁으로 다가와 이불속으로 손을 넣어 나의 손을 꼬옥 잡으면서 나를 일으켜 앉힌 다음 "우리도 찬송가 한곡 할까요?" 하고 한 사람이 조심스럽게 말을 하였고 또 한 사람은 전날 내가 받아서 내 팽겨 쳤던 성경책을 가지고 와서는 405장을 펼치면서 저를 가운데 두고 마주 앉아서 진지하게 찬송을 부르는 것이었습니다.

찬송가를 전혀 모르던 저도 성경에 있는 찬송가 가사를 보면서 "나 같은 죄인 살리신 주 은혜 놀라와 잃었던 생명 찾았고 광명을 얻었네..." 이렇게 4절까지 부르는 동안 저와 두 사람 모두 눈물을 흘렸고 뒷전에 앉아 있던 다른 동료 5명 모두 울음보를 터트리는 이상한 장면이 일어났습니다.

처음 제 곁으로 왔던 두 사람은 사회 있을 때 천주교 신자로서 성당에 다녔던 사람들이라 찬송을 조금씩 알고 있었으나 저와 다른 5명은 처음으로 찬송을 불렀기에 한참 동안 눈시울이 벌겋게 되어 있었습니다. (천주교 신자였던 두 사람은 얼마 후 저로 인해 기독교로 개종하였고 다른 5명 모두 다 믿음을 받아들이고 저와 함께 아침마다 찬송을 함께 부르고 말씀을 나누는 예배를 드리게 되었음)

그 여운을 가슴에 지닌 채 하루를 보내고 밤이 되었을 때 모두들 곤한 잠 속에 빠져 들었지만 저는 왠지 잠을 이룰 수 없었고 자꾸만 아침에 들었던(세상에서 방황할 때... 방황할 때...) 이 방황할 때만 입속에 맴돌았고 함께 불렀던(나 같은 죄인 살리신 주 은혜 놀라워...)란 가사가 눈앞에 아른거려 저를 자꾸만 성경책이 있는 쪽으로 마음이 가도록 하는 것이었습니다.

과연 저 성경책에는 어떤 것들이 적혀 있을까?

왜 사람들은 성경을 보면서 눈물을 흘리고 변화된 모습들을 보이는 것일까? 궁금증이 더욱 잠을 달아나게 하는 것이었습니다.

무엇이든 궁금한 것은 참지 못하는 성격을 가진 저는 궁금증을 그대로 넘길 수가 없어서 다른 사람들이 잠에서 깨지 않도록 (다른 사람들이 잠을 깨어 제가 성경책을 보고 있는 것을 보면 비웃기라도 할까 자존심 때문에 조심하여) 조심조심 책들이 있는 곳에서 성경책을 가지고 와서는 벽 쪽을 향해 돌아앉은 다음 담요로 머리까지 뒤집어쓰고는 다른 사람이 깨어나도 성경책을 본다는 것을 눈치 채지 못하도록 한 다음 성경책을 아무 데나 펼쳤는데 다른 사람이 보면서 빨간 볼펜으로 밑줄을 쳐 놓은 곳에서 멈추게 되고 그것을 읽게 되었는데 "건강한 자에게는 의원이 쓸데 없고 병든 자에게라야 쓸 데 있느니라 의인을 부르러 온 것이 아니라 죄인을 부르러 왔노라"(마태복음 9장 12~13절) 하는 글자들이 크게 확대된 것처럼 저의 눈 속에 들어왔던 것입니다.

제 눈 속에 확대되어 들어온 글자를 읽으면서도 왜 이런 말을 써 놓았을까 전혀 이해도 못한 체 또다시 다른 곳을 넘기다 멈추었는데 그곳에는 또 이런 내용이 있었습니다. "수고하고 무거운 짐 진 자들아 다 내게로 오라 내가 너희를 쉬게 하리라"(마 11:28) 이 말도 통 이해할 수도 없었고 오히려 괜히 보았다는 생각과 말도 안 되는 소리만 늘어놓은 것이 나에게 필요 없는 책이구나 부정적인 생각을 하고 있을 때 책장이 파드락 하고 스스로 넘어가다가 멈추었고 저는 그 멈춘 곳을 보게 되었는데 거기에는 "주 예수를 믿으라 그리하면 너와 네 집이 구원을 얻으리라"(행 16:31) 이런 글이 눈 속에 들어왔던 것입니다. 저는 이 글을 읽는 순간 사랑하는 가족들 한 사람 한 사람 얼굴이 떠올랐고 가슴이 뭉클해졌으며 나도 모르게 하나님! 하고 소리를 지르고 말았습니다. 저의 외침 소리에 잠을 자던 사람들이 깜짝 놀라 일어났고 무슨 일인가 불안한 눈으로 저를 쳐다보았습니다. (하나님! 하고 소리 지르면서 뒤집어쓰고 있는 담요가 벗겨져 버려서 제 모습이 다른 사람 눈에 다 보였음)

그때부터 저는 하나님을 믿어 보아야겠다는 생각을 가졌고 내가 하나님을 믿음으로 해서 나의 가족들이 구원을 얻을 수도 있겠구나 하는 나 자신보다 가족의 평안을 위해서라도 반드시 믿음을 가져야 한다는 생각으로 그날 밤 날이 밝은 줄도 모르게 성경을 읽게 되었습니다. 다음 날 이빨을 치료하기 위해 의무과에 갔었고 그곳에서 하나님을 의지해 보라며 성경책을 주었던 교도관을 다시 만나 나도 하나님을 한번 의지해 보겠다는 말을 하면서 어떻게 하면 믿음을 가질 수 있겠냐는 질문과 함께 기도를 부탁하게 되었습니다.

교도관은 저의 손을 잡고 기도를 해주셨고 저는 무언가 큰 것을 얻은 것 같은 기분을 가지고 사동 거실로 돌아와 그때부터 성경을 보게 되었는데 신약과 구약을 일곱 번을 읽고 구약 한 번과 신약 두 번을 필사할 때까지 저의 곁에는 늘 성경책이 붙어 다녔습니다. 그러다 보니 추운 겨울에 손가락에 동상이 걸리는 줄도 모를 정도였습니다. 그때 동상으로 엄지손가락 손톱이 빠졌었는데 지금은 손톱 절반은 기형이 되어 있는 상태입니다.

이렇게 믿음 생활이 시작되고부터 저에게 많은 변화가 생기기 시작하였습니다. 병으로 오래 살 수 없을 것이라는 의사 진단이 있었는데도 그 병을 기도 가운데 치유받는 체험도 있었고(그때 상황은 뒤에 나옴) 그리고 이곳에서 제가 전도하는 형제들에게 성경책을 나누어 주고 싶은데 구입할 여유가 없는 저로선 도리가 없으니 주님께서 도와주십사 날마다 간절히 기도 했더니 그것 마저도 해결이 되어 1년에 100권 이상의 성경책을 형제들에게 나누어 주게 되었습니다.(2000년 89명, 2001년 101명, 2002년 158명, 2003년 122명, 2004년 107명, 2005년 85명, 2006년 97명, 2007년 6월까지 54명, 2000년부터 2007년 6월까지 제가 전도한 사람들이며 성경책도 한 권씩 받아간 형제들의 수입니다.

저는 저의 형님과 형수님을 원수처럼 생각하며 30년 가까이를 살아왔습니다.(20세 이후부터) 어떻게 하면 형님과 형수에게 복수를 할 수 있을까 하는 생각만 하면서 살아왔다고 해도 과언이 아닐 것입니다.

낳아준 어머니가 다르다는 이유로 어릴 때부터 구박을 받았고 아버지가 돌아가시고 한 달도 되기 전에 아버지의 병 수발을 수년간 들었던 새어머니는 여러 가지 이유를 만들어 빈손으로 쫓아내고 그리 많지도 않았던 재산을 독차지 해 버렸던 형님과 형수였기에 미워하게 되었던 것입니다.

형님 때문에 고향을 떠나 타지를 떠돌면서 성격이 괴팍해졌고 이번 사건으로 사형선고를 받게 된 원인도 형님 때문에 집을 나와서 방황하면서 생긴 버릇이 그 원인이 되었다고 원망하게 되었던 것입니다.

그런데 믿음을 가지고 성경공부를 하면서 특히 창세기에 나오는 요셉의 삶을 통해서 저의 마음도 점점 변하기 시작하였습니다.

요셉이 당한 고통, 요셉이 형제들과의 상봉 등 용서하는 장면을 성경을 통해 보면서 얼마나 눈물을 흘렸는지 모릅니다.

자신을 팔아버린 형들을 생각하면 죽이고 싶도록 밉고 한이 맺혔을 것인데 너그러운 마음으로 형들을 용서하고 모든 것을 하나님의 뜻에 의한 것이라고 말하는 요셉이란 사람의 삶을 보면서 나는 정말 세상을 잘못 살아왔구나, 어릴 때 구박 조금 받은 것 가지고 그것도 형으로써 동생을 생각하여 동생이 잘 되길 바라면서 사랑의 매를 들었을 뿐일 텐데 수십 년을 마음에 담아두고 미워하며 살아온 멍청이가 바로 나였구나 하는 생각을 하게 되면서 후회의 눈물을 흘리게 되었습니다.

그래서 저는 2000년 12월에 죄송하다는 마음을 담은 편지를 형님께 보냈습니다. 어리석고 부족하고 바보 같은 이 동생의 잘못을 용서해 달라는 내용을 담은 편지를 고향인 제주도에 살고 계시는 형님께 보내던 것입니다. 저의 고향 마을은 동네 사람들 모두 다 일가친척처럼 생각하며 아주 가깝게 지내다가도 어느 집에 누가 사고를 저질러 교도소라도 들어갔다고 하면 그때부터 그 사람들을 대하는 태도가 180도로 틀려지고 더러는 아예 상종을 하지 않으려고 하기 때문에 전과자의 가족이나 가족 중 누가 교도소에 살고 있다고 하면 창피해서라도 스스로 고향 마을을 떠나고 하는 그런 마을이 저의 고향이며, 형님이 살고 계시는데 그것도 사람을 죽이고 사형수가 된 동생을 둔 집이라는 것을 동네 사람들이 알았다고 생각해 보십시오. 어떠했겠습니까?

그러나 형님과 형수 그리고 조카들은 저의 편지를 받고 이웃들이 어떻게 생각하든 상관없이 동생과의 묵은 감정을 푸는데 무엇이 두렵겠냐는 마음으로 편지를 받은 다음날 가족들을 데리고 제주도에서 이곳 대전까지 접견을 하기 위해 달려왔던 것입니다.

형님께서는 저를 보시고 눈물을 흘리시면서 무척 보고 싶어서 재판 때도 와보고 싶었지만 네가 싫어할까 봐 오지 못했고 편지를 하고 싶어도 네가 더 나쁜 생각을 하면 어쩌나 하는 걱정 때문에 편지도 못하고 많이 울었다는 말씀을 하셨습니다.

제가 요셉의 삶을 통하여 용서하는 마음을 알지 못했다면 아마도 지금까지도 원망하는 마음을 버리지 못하고 있었을 것입니다.

언제인가 이런 소설을 읽은 적이 있었습니다. 프랑스 작가인 뒤마라는 사람이 쓴 "몽테크리스토 백작"이란 책입니다. 이 소설 속 주인공은 자신을 배신한 사람들을 한 사람 한 사람 찾아서 그 배

신에 정도에 따라 복수를 해 나갑니다. 그런데 성경 속에 나오는 요셉이란 사람은 자신을 노예로 팔아버린 형들을 모두 용서해주고 따뜻하게 맞이해 줍니다.

소설 속 주인공처럼 복수를 하였다면 요셉의 형들은 단 한 사람이라도 살아 있을 수 없었을 것입니다. 복수의 기회가 찾아왔음에도 요셉은 "당신들이 나를 이곳에 팔았다고 해서 근심하지 마소서 한탄하지 마소서 하나님이 생명을 구원하시려고 나를 당신들보다 먼저 보내셨나이다"(창세기 45장 5절)라고 말하면서 모두를 용서하게 됩니다.

요셉은 자신이 당한 환경 모두를 하나님의 섭리에 의한 것으로 생각하였기 때문에 형들에 대한 복수심 같은 것은 애당초 마음속에 담아두지 않았던 것입니다.

아마도 나 아닌 다른 사람이 요셉에 대한 삶을 보았어도 용서의 마음이 생겼을 것입니다.

그리고 병을 고쳤던 체험을 하였다고 앞에서 말했습니다. 정말 기적 같은 일이 저에게 일어났었습니다.

제가 하나님을 영접하고 성경 필사를 마쳤을 때였습니다. 갑자기 건강에 이상이 생겨 검사를 받았는데 그 결과 간에 3분의 2 이상이 종양으로 덮여 있어서 생명이 위험하다는 진단이 나왔고 하루라도 빨리 큰 병원에서 수술을 받지 않으면 한 달도 살기 어렵다는 의사의 진단 결과였습니다. 절차를 밟아 사회 큰 병원에 가야 하는데 사형수가 사회 병원에 간다는 것이 그리 쉬운 일이 아니었습니다. 그러나 워낙 다급한 사정이라 허락이 떨어졌는데 설상가상 엎친 데 덮친다는 말이 있듯이 수용자 한 명이 병원에 치료차 갔다가 도주하는 사건이 생겨 저는 병원에 가는 것이 무기한 연기가 되어 버렸던 것입니다.

점점 더 복수는 차고 겨우 죽 한 그릇으로 하루를 버티고 제대로 앉아 있을 수도 없을 정도로 힘든 상태가 되었을 때 그러니까 처음 검사를 받은 날로부터 20일이 지나서 사회 병원에 가게 되었습니다.

병원에 도착하여 혈압측정을 위해 자동혈압측정기에 팔을 집어넣었는데 기계 작동이 되지 않는 것입니다. 다른 사람의 팔을 넣으면 작동이 되고 제 팔을 넣으면 작동이 되지 않아서 기계 고장인 줄 알고 간호사를 불러 수동으로 혈압을 측정한 결과 혈압이 너무 높아서 다른 검사도 제대로 받을 수 없다는 것입니다.

정확한 검사를 할 수 없으니 일주일 후에 다시 받아 보자는 의사의 말을 듣고 교도소로 돌아오게 되었는데 나중에 들은 얘기지만 가망이 없다고 판단했다는 것입니다. 교도소로 돌아와 하루 한 그릇이 안 되는 죽을 먹던 것 마저 아예 끊어 버리고 기도에 들어가게 되었습니다. 저의 이러한 소식을 들은 믿음의 형제들과 기독교 사동에 있는 형제들도 금식기도에 들어갔고 이렇게 6일째 되던 날 저녁, 앉아 있을 수가 없어서 자리에 누워 기도를 하던 중 잠이 들었고, 꿈을 꾸게 되었는데 제가 광덕산에 있는 어느 기도원에 가게 되었고 그곳 작은 기도실에서 기도를 하고 있었는데 하얀 옷을 입으신 사람이 기도실로 들어와서는 저에게 자리에 편안하게 누우라고 하였고 저는 시키는 대로 자리에 누웠습니다.

제가 자리에 눕자 그 사람은 자신의 오른손을 펴서 저의 뱃속으로 집어넣은 다음 손가락 끝으로 무언가를 찾는 것처럼 꼼지락거리더니 손을 빼면서 "이제 되었다" 하시는 것이었습니다.

그때 그 사람의 손에는 까맣게 생긴 조그만 것이 들려 있었는데 그것을 흔들어 보이면서 제 눈앞에서 서서히 모습을 감추었습니다.

꿈인데도 실제와 같이 뱃속이 이상한 느낌이 들었고 저는 무의식 중에 배 위에 손을 올리면서 잠에서 깨어 자리에서 벌떡 일어나 앉게 되었습니다. 평상시에는 다른 사람이 거들어 주어야 누운 자리에서 일어날 수 있었는데 혼자서 일어나게 된 것이며 배를 만져 봤는데 잠들기 전 기도 할 때까지만 해도 임산부처럼 불룩했던 배가 없어져 버렸고 속이 쓰리면서 배고픔을 느끼게 되었고 설사를 할 것 같기에 화장실에 갔는데 새까만 피가 쏟아지는데 깜짝 놀랄 정도로 많이 쏟아지는 것이었습니다.

한참 후 배가 언제 아팠는가? 의심이 들 정도로 아주 시원한 기분이 드는 것이었습니다. 기분이 너무 좋아서 찬송가를 흥얼거릴 정도였으니까요.

오전 9시가 조금 지나서 사회 병원에 가게 되었는데 차를 타고 가면서도 기분이 좋아 싱글벙글 웃으며 가게 되었고 병원에 도착하여 검사 과정도 무난히 마쳤고 검사 결과를 듣기 위하여 담당

의사 앞에 앉아 있을 때도 왠지 기분이 좋아서 웃게 되었고 웃는 모습을 본 의사는 "아니 아파서 병원에 온 사람이 무엇이 좋아서 그리 웃습니까?"하는 것이었고 그래도 계속 웃음을 짓고 있는 저를 보고 그 의사가 그러더군요 "구천구 씨 웃을 만합니다. 종양은 좁쌀만큼 아주 작게 남았을 뿐 걱정하지 않아도 됩니다." 이 말을 듣는 순간 "주여!" 하는 소리가 저의 입에서 터져 나오는 것이었습니다.

주님께서 전날 밤 꿈속에 오셔서 아니 꿈인 줄 알았지만 실제로 저에게 오셔서 치료하여 주셨다고 주님을 큰 소리로 부르게 되지 않았나 봅니다.

이처럼 큰 은혜와 사랑을 주시는 하나님을 예전에는 왜 몰랐을까. 왜 그렇게도 고집스럽게 귀신 타령이나 하면서 살아왔던가. 이러한 체험과 기도의 응답을 받을 때마다 하나님의 자녀들을 핍박하며 살았던 때를 후회하곤 합니다. 하나님을 영접하게 된 것이 얼마나 큰 축복이며 행복한 삶인지 알았기에 믿음이 없었을 때 믿는 자들을 핍박하고 하나님 일꾼들을 못살게 굴었던 그 모습에서 벗어나 오히려 복음을 전달하지 못해 안달하는 자로 변화되었으며 오직 주님 영광을 위해 목숨까지 바칠 각오와 말씀에 순종하는 삶을 살겠다는 고백을 하게 됩니다.

제가 이렇게 변화되기까지는 많은 사람들의 기도와 도움이 있었기에 가능하였던 것입니다.

누구에게나 갈등이 생길 수도 있고 믿음의 깊이가 깊어 갈수록 사탄 마귀의 방해도 받게 되는데 그럴 때마다 기도해주시고 말씀으로 무장하도록 도와주신 분들이 많이 계셨다는 것입니다.

이제는 누가 만약 저에게 소망이 무언가 하고 물어온다면 이렇게 대답할 것입니다. 단 하루를 살다가 내일 사형장으로 간다 해도 복음을 전하는 삶을 사는 것이 나의 소망이며 꿈이라고... 예전에는 너무도 쓸모없는 정말 무익한 인간이었으나 이제는 단 한 시간의 삶이 주어진다고 해도 그 한 시간을 최대한 보람되고 유익하게 활동하는 사람이 되겠다는 것입니다.

나는 결코 패배한 인생이 아니었음을 보이고 싶은 욕심이라고 할까요. 비록 세상 삶에는 부족하고 패하였으나 하나님의 자녀 된 이후의 삶은 전혀 부족하지 않았으며 패배한 삶이 아닌 하나님으로부터 많은 사랑을 받았고 하나님 나라를 부흥시키기 위해 열심히 노력한 일꾼이었기에 성공한 인생이었다고...

지난날 잠시 외도를 하였던 것은 세상 미련 모두를 실패라는 늪 속에 파묻어 버리기 위해 걸음을 잠깐 멈추었을 뿐이라고 변명도 하고 싶습니다.

하나님을 믿는 자와 믿음이 없는 자는 행동과 인격 모든 삶 그 자체가 완전히 다르다는 것을 산 증인으로 보여 드리고 싶은 것입니다.

참으로 이제는 하나님의 나라 번성을 위하여 몸과 마음을 다하는 슬기와 지혜와 믿음으로 승리한 자가 될 것입니다.

세상 삶에는 타락한 자였지만 주님 자녀 된 삶에는 전혀 부족

함이 없었던 자였다고 바로 성공이란 저울대 상단에 올려지는 자로 남으려 합니다. 나의 이름이 생명책에 기록되어 이다음 하나님 나라에 갔을 때 환영받는 자가 되기 위하여 복되고 기쁜 소식을 많은 영혼들에게 전하는 자가 되려고 하는 것입니다. 잠시 피었다 시들어 버리는 꽃들처럼, 화무십일홍(花無十日紅)이 아닌 영원히 정말 오래도록 시들 줄 모르는 꽃(十字花)의 향기가 지속되도록 씨앗을 뿌리려고 합니다. 세월이 흐르면 흐를수록 더욱 튼튼한 뿌리를 내려 사시사철 사랑의 꽃이 피어나도록 전도의 씨를 뿌릴 것입니다. 제가 그 전도의 꽃을 피우다 지쳐 쓰러질 때면 나에게 십자가의 꽃을 피우는 방법을 전수받은 자가 대신하여 그 꽃을 더욱 활짝 피울 수 있고 또 다른 자에게 그 방식을 전수하도록 할 것입니다.

  가지로 줄기를 쭉쭉 뻗어 나가도록 전도의 씨를 뿌리다가 주님께서 "사랑하는 아들 천구야 이제 되었으니 쉼터로 돌아오너라" 하고 부르실 때 기쁘게 하나님 나라로 가려고 합니다.

  아버지 음성이 들려옵니다.
  마음의 귀를 열어놓고 들어보세
  돌아오라 아버지께로
  너로
  나와 같이 시행하라
  아버지의 손짓을

마음의 눈으로 바라보세

무엇이든
내가 너에게 행한 것처럼
너로 행하여 본이 돼라

나를 사랑하는 자
나의 말을 지키고 순종하는 자
성령이 함께 하리라
아버지의 이름으로 보내실 성령이
너희와 함께 하면
내 모든 걸 가르치리라

내가 너를
고아처럼 내버려 두지 않으리
너희를 내가 지키리라
나의 이름으로 구하는 자
무엇을 구하든지 너희에게 주리라

내가 하는 일
너희도 그대로 본을 받으라
시행하라 영광 있으리

시행하라 사랑 있으리
나의 계명을 지키는 자
축복이 있으리라…

이러한 주님을 사모하며 하나님께서 덤으로 주신 생명이기에 순종의 삶, 나에게 주어진 직분을 잘 감당하는 자로 살겠다는 고백을 오늘도 하나님께 드리며 기쁘게 살고 있습니다.

3부
부록

필요한 사람으로(필요맨)

필요한 사람으로 (필요맨)

나는 아주 나쁜 놈이었습니다.

아무런 죄도 나에게 그리 큰 피해도 입히지 않았던 사람을 그것도 두 사람이나 죽음에 이르게 한 아주 정말 죄가 많은 자이며 피해자와 그 가족들에게 절대로 용서받지 못할 짐승만도 못한 인간입니다.

그로 인해 사형수가 되어 날마다 회개하며 반성의 삶을 25년째 살고 있기도 합니다.

허접하고 쓰레기보다 못한 제가 어떻게 해서 이런 글을 쓸 수 있었는가 하면 그것은 바로 하나님을 만났기 때문이라고 말씀드릴 수 있습니다. 한때는 하나님을 믿는 자들을 많이 미워하였고 가까이하는 것을 꺼려했던 사람이었습니다. 그런데 이제는 하나님을 가장 많이 사랑하게 되었고 주 예수를 믿으라고 전도하는 삶으로 바뀌게 되면서 이렇게 하나님을 향한 마음을 글로 표현하게도 되는 것입니다. 하나님을 알기 전에는 세상은 온통 쓰레기 천지라고 생각하기도 하였고 모든 것들을 부정적 시선으로만 보아 왔던 것도 사실입니다. 뭐 눈엔 뭐 만 보인다는 말처럼 제 자신이 쓰레기였기 때문에 그렇게 보였는지도 모르겠고요.

젊은 시절에는 배우의 꿈을 가지고 연기 학원에도 다녔었고 음악실 DJ로도 활동하며 또래 젊은이들로부터 부러움의 대상이 되기도 했던 적이 있었습니다. 그러다 보니 젊은 한때는 향락 속에 빠져 미래에 대한 그 어떤 대책도 세운 적이 없었기에 결국 실패한 인생의 구렁 속으로 다이빙을 하게 되었는지 모릅니다. 저는 1952년 봄의 꽃들이 꽃술을 펴 들고 벌과 나비들을 유혹하는 계절인 3월(음력 3월 20일)에 제주도 어느 작은 농어촌 마을에서 3형제 중 막내로 태어났습니다. 아버지는 외항어선 간판장으로 일을 하시면서 1년에 한두 번 정도 집에 오셔서 겨우 며칠씩만 머물다 가시곤 하셨다고 합니다. 아버지의 멋진 마도로스 복장에 설레었던 여성분들도 많았다고 들었습니다. 저의 가족들 특징이 코가 크다는 것인데 그런 아버지께서는 키도 크시고 날씬한 몸에 하얀색 정장을 입었을 때는 이웃 마을 여성분들도 관심이 많았다고 합니다. 그래서인지 첫 번째 결혼에서 큰 형님만 낳고 이혼하셨고 두 번째 결혼하여 낳은 자식이 둘째 형님과 저였습니다. 큰 형님과 둘째 형님의 나이 차이는 열 살이며 저와 둘째 형과의 나이 차이는 네 살입니다. 제가 태어나고 1년 후 저의 집에 여러 가지 우환이 닥쳐 듭니다. 휴가차 집에 오셨던 아버지께서 갓 따온 미역이 먹고 싶다고 하여 해녀이신 어머니는 두 말 없이 새벽에 바다에 가셨고 미역과 전복을 한 가득 따오셔서 요리를 맛있게 해 드렸고 가족들도 맛있게 먹었다고 합니다. 그런데 다음날 어머니께서는 갑자기 자리에 누우시고 일어나지 못하신 체 며칠 만에 돌아가셨다고 합니다. 젖도 떼지 않는 어린 아들을 두고 제대로 눈을 감지 못하신 어머니 때문에 아버지는 날마다 슬픔에 잠기셨고 하루 종일 어머니 산소에서 꺼이꺼이 우시다 돌아오시곤 하였는데 식사는 하지 않으시고 평상시에는 입에도 대지 않으셨던 술만 마셨고 어느 날은 술을 마신다고 마루에 술이 들어있는 됫병을 그대로 들고 주둥이를 입에 대고 숨을 쉬지 않고 들이마셨는데 그것은 술이 아닌 휘발유였다고 합니다. 옛날에는 석유나 다른 기름들을 됫병에 담아두고 사용하였는데 그런 휘발유를 들이켰으니 위장이 온전 할리 없었던 것이지요. 지금처럼 병원에서 치료를 받을 수 있었다면 건강할 수도 있었겠지만 그때는 가까운 곳에 병원도 없었고 의사를 부를 수도 없었기에 그대로 방치했던 결과는 위장이 제 기능을 할 수 없는 중환자가 되어 약 15년 이상을 고생하시다 제 나이 18세에 돌이가시게 됩니다. 제가 태어나고 1년 후 어머니가 돌아가시자 저는 연세가 많으신 할머니께서 키워 주셨고 할머니께서 거동이 불편해지시자 아버지는 병환 중임에도 저를 걱정하셔서 사람을 찾던 중 친구분 여동생이 예전부터 아버지를 좋아하셨던 일이 있기에 마침 그분도 남편과 사별하여 친정에 살고 있어서 가족들 간의 합의하에 아버지의 병간호 겸, 저의 새어머니로 들어오시게 됩니다. 큰 형님은 결혼을 하여 분가를 하였고 둘째 형님은 재일 교포이신 고모님 댁 양자로 들어가게 됩니다. 일본에 큰 아버지와 고모님께서 메리야스 공장과 우산 공장을 하셨는데 두 분 모두 결혼을 하였으나 큰 아버지는 딸만 셋, 고모님은 자식을 낳지 못했기에 강제 이혼을 당하여 혼자였기에 둘째 형을 양자로 삼아 일본으로 데려갔고 저는 큰 아버지 양자로 들어가기로 결정이 되어 있던 상태였습니다. 자리에만 누워 계시는 아버지와 새어머니 그리고 할머니와 나 이렇게 한 집에 살던 중 새어머니 몸에서 여동생이 태어납니다. 딸이 없던 우리 집은 마냥 기쁨이었고 행복하게 살던 중 제가 18살, 여동생은 6살이 되던 해에 아버지가 돌아가시게 됩니다. 그리고 몇 달 후에는 가족들에 게는 물론 동네 어르신들에게 귀여움을 받았던 여동생도 갑자기 우리 곁을 떠나고 맙니다. 여동생 혼자만 집에 두고 농사일을 하고 오후 늦게 집에 들어와 보니 동생은 방 안에서 자고 있었는데 이미 숨을 멈춘 상태여서 믿을 수 없다며 모두들 슬픔에 잠겨 아이의 장례도 제대로 치르지 못하고 있을 때 동네 분들이 오셔서 아이를 수습하기로 하였습니다. 나는 아직까지도 여동생 무덤이 어디에 있는지도 모릅니다. 고향에 있을 때도 한 번도 물어본 적이 없었기 때문입니다. 보고 싶고 그리워서 무덤에라도 가서 금자야! 하고 이름이라도 불러 보고 싶었는데도 너무도 두렵고 미안하고 나도 그 아이를 따라 갈려는 마음이 생길까 봐서 한번도 찾을 수가 없었던 것이었습니다. 여동생이 죽고 슬픔이 채 가시기도 전에 형님과 형수는 새어머니를 내쫓으려고 이상한 소문을 퍼뜨리게 됩니다.

새어머니는 소문과 아무런 관계가 없으면서도 자식들과 싸우는 것은 부모로서 할 짓이 아니라는 말만 남기고는 친정으로 떠나가 버립니다. 이렇게 새어머니를 내쫓게 된 이유는 재산 때문이라 할 수 있습니다. 아들 셋 중 둘째와 막내는 양자로 결정된 상태였고 아버지 부인으로 되어 있던 새어머니만 없으면 재산 모두 큰형님 몫이 되기 때문에 그것을 원했던 것이지요.

나는 그런 형님네가 싫었습니다. 그래서 그때부터 학교를 가지 않았고 싸움질이나 하면서 방황하게 됩니다. 그러다 아무에게도 말하지 않고 제주와 부산을 오고 가는 아리랑 호라는 배에 올라 부산으로 오게 됩니다. 부산 온천동에 큰 아버지께 집을 마련하여 젊은 여자분을 돈으로 사다시피 하여 아들을 보려고 살림을 차렸던 것인데 제가 그 집을 알게 되어 그곳으로 가게 되었던 것입니다. 큰 아버지는 70세 그 여자 분은 26세 그분은 포천이 집인데 결혼을 하였다가 2년 만에 이혼을 당하였다고 합니다. 이유는 술집에서 일했던 것을 속이고 결혼했다는 것이 이혼 사유가 되었다고 하였고요. 나는 부산에서 새롭게 시작해 보겠다는 마음으로 학원을 다니면서 공부를 하게 되었고 이렇게 1년 큰아버지께서 일본에 계실 때 나는 학원을 간다고 나갔다가 몸이 좋지 않아 점심 전에 집에 들어오게 되었는데 보지 말아야 할 것을 보고야 맙니다. 웬 남자와 큰아버지 여자가 나체로 방 침대 위에서 희희낙락하는 장면을 목격하고 말았던 것입니다. 나에게 들킨 그분은 사촌 오빠라고 변명했지만 사촌오빠와 과연 그럴 수 있을까요? 그런데 황당한 것은 오히려 제가 그 여자에게 당하고 맙니다. 큰아버지께서는 제가 모함하여 큰아버지 곁에서 자신을 떼어내려고 한다면서 아무도 없을 때 자신을 덮치려고도 했다는 터무니없는 말을 하면서 무섭다고 눈물을 흘리자 큰아버지는 그 말을 믿고 저를 나쁜 놈으로 보기 시작하는 겁니다. 생전 처음 큰아버지께 뺨을 맞았고 꼴 보기 싫다는 말까지 들었습니다. 다음날 나는 학원에서 사귀던 여자와 떠나기로 마음을 먹었고 큰아버지가 아무도 모르게 돈을 숨겨 놓는 곳에서 일본돈 한 다발을 훔쳐서 그것을 부산 중앙동에서 환전을 하여 울산으로 가게 됩니다. 훔쳐 온 돈은 환전한 것 만 한화로 100만 원이 넘었고 바꾸지 않은 엔화도 절반이나 남았을 정도로 그 당시에는 제법 큰돈이었습니다. 여자 친구 고향이 포항이었고 울산에는 친구들이 있다고 하여 그곳으로 가게 되었는데 나는 아무도 아는 사람이 없었고 처음으로 가 보는 곳이기도 했습니다. 방 한 칸을 얻어 동거에 들어갔고 울산에서 사귄 친구의 소개로 취직을 하는데 친구는 친형이 하는 페인트 가게에 경리를 보고 있었고 나는 바로 옆 가게인 유리가게에서 일을 하게 됩니다. 손재주가 좋았고 만드는 것을 좋아한 나는 두꺼운 유리(5mm)를 사용하여 사각의 케이스를 만들어 그 속에 인형을 넣고 불을 켤 수 있게 만들어 판매를 하였는데 반응이 예상외로 좋아서 가게에 많은 도움 주게 됩니다. 8개월 정도 이렇게 일을 하고 있을 때 친구 형님이 같이 밥을 먹자는 제의를 하셨고 나는 감사한 마음으로 식사자리에 나갔는데 거기에서 그때 당시 JCI 울산지역 회장님으로 계시는 분을 만나게 됩니다.

친구 형님 분과 친구이신 이분이 저를 지켜보셨다면서 자신을 도와 달라는 부탁을 하셨고 저는 친구를 생각해서 흔쾌히 승낙하는데 나에게 주어진 일은 객실 36개가 되는 장 여관을 맡아서 경영하라는 것이며 친동생이 되어 달라는 조건이었습니다. 제가 울산에 도착했을 때 여자 친구와 짜고 고아라고 거짓말을 했었는데 그분은 정말로 아무도 없는 고아라고 생각했었던 것이지요. 그분은 4대 독자였으며 딸 하나에 어머님을 모시고 계셨습니다. 유리가게에는 그분께서 설득을 하셨고 그때부터 저는 이름을 한 철민이라고 가명을 쓰게 됩니다. 그분 성이 한 씨이며 저는 홍 철민이란 가명을 사용하고 있었으니 성만 바뀐 것입니다. 그분의 동생으로 들어가면서 부산에서부터 함께 하였던 여자 친구는 부모님들이 고향으로 데리고 가서 얼마 후 결혼을 시키게 됩니다. 가버린 사람을 잊으려는 마음으로 열심히 여관 경영을 하면서 나름대로 다른 논벌이를 찾게 되는데 현대자동차 월급날이 되면 국산품 애용이란 게임과 팽이 돌리기, 바보 장기 등 야바위꾼들이 모여드는데 그들의 뒤를 봐주고 수입에서 15%를 받았는데 그때 하루 수입이 6~7만이나 될 정도였습니다.(70년 초) 이렇게 벌어들인 돈으로 울산에 있는 옥교동 시장에 100평 정도 되는 양품점을 차렸고 점원들을 두고 장사도 시작하게 됩니다.

돈도 잘 벌고 잘 생겼고 괜찮은 집안의 동생으로 소문이 나자 아가씨들이 만나고 싶어 하는 대상자로 부상하면서 많은 여자들이 만남을 주선해 왔었지만 모두 뿌리치고 얼굴도 예쁘지 않았고 몸매 또한 볼품없는 한 여인과 만나게 되었는데 그녀는 딸 여

딸에 아들 하나인 딸 부잣집 셋째 딸이었습니다. 왜 그녀에게 끌렸는지 나는 양품점을 맡겼고 그녀는 열심히 자매들과 가게를 경영하였습니다. 딱 1년을 보내고서야 내가 바보였음을 알게 되었지만 이미 게임은 끝난 상태 처음부터 그녀는 계획적으로 접근하였고 그때부터 야금야금 돈을 빼돌려 서울에서 대학을 다니는 진짜 애인과 그 가족들의 생활비 그리고 자신의 대가족인 생활비는 물론 언니들 장사 밑천까지 도와주려고 가게를 이용하여 일수돈은 물론 곗돈까지 먼저 땡겨 쓰는 수법으로 많은 빚을 진 것을 뒤늦게 알고서야 속았다는 것을 알게 되지만 이미 엎질러진 물과 같은 것, 나는 모든 것을 청산하고 여관을 맡겼던 형님께 죄송하다는 편지 한 통만 남겨두고 울산을 떠나게 됩니다. 울산에서의 추억을 뒤로한 채 서울로 올라온 나는 우연히 J보험회사 회장님과 만나게 되는데 그분께서 비서를 통해 저에게 영화배우가 되어 보지 않겠냐는 것이며 무엇을 할까 고민하던 나는 감사히 따르겠다는 승낙을 하여 그때부터 연기를 배우기 위해 다니는데 선생님은 유명하신 황정순 그리고 문오장 선생님이었습니다. 그런데 3개월 만에 포기하게 됩니다. 처음에 서울에 도착하여 방을 얻은 곳이 전농동인데 보증금 5만 원에 월 2만 원짜리 방을 얻었고 빈 몸으로 나왔기 때문에 옷이랑 생활용품 등을 준비하다 보니 가진 돈은 다 떨어졌고 전농동에서 퇴계로까지 다니는 교통비와 준비물을 살 돈이 없는 겁니다. 후원자가 되겠다던 그분은 자신의 요구를 들어주면 모든 금전적 도움을 주겠다고 하였지만 그 사람의 요구 자체가 말도 안 되는 황당한 것이라서 연기학원을 포기하고는 음악다방 DJ생활을 하게 됩니다. 영등포에서 유명한 음악다방을 시작으로 명동에서도 인기 있는 DJ로 생활하게 되었는데 음악에 대한 소개는 서투른 감이 있었지만 저를 보기 위해 찾아오는 손님들이 많았기 때문에 업소에서는 좋아하였던 것이며 인기 DJ로 소문이 나게 되었습니다. 영화배우로 키우려는 사람이 있을 정도였으니 외모로는 괜찮았나 봅니다. 이렇게 서울 생활에 적응이 되고 있을 때 부산에 있던 친구로부터 연락이 왔는데 부산으로 내려와서 일을 해달라는 것이었고 좋은 조건이라 나는 부산으로 내려가 서면에 있는 다방과 라이브 음악주점 그리고 남포동에 있는 음악주점 2곳 하루 총 4군데를 바쁘게 다니면서 일을 하던 중 좋지 않은 일에 휘말려 수감 생활을 하게 되면서 시궁창 속으로 빠져 들게 됩니다. 첫 징역을 살고 출소한 후 다시는 나쁜 일에 빠지는 일은 없을 것이라 자신하면서 다시 음악다방에서 DJ 일을 하고 있었는데 그때가 5 공화국이었고 범죄자들을 소탕한다는 목적으로 죄가 있든 죄가 없든 상관없이 범죄 경력이 있는 사람들을 잡아가는데 저 역시도 예외 없이 잡혀 가게 되었고 징역 3년에 보호감호 7년을 선고받고 청송감호소로 가게 되는데 처음 도착했을 때는 사람 취급을 하지 않았고 군인들이나 받는 순화교육을 받으면서 죽을 고비도 몇 번 겪게 됩니다. 교육 도중 옆에 있는 사람이 죽어 가는 모습도 보았고 나도 정신을 차리지 않는다면 죽을 수도 있겠다는 생각에 죽지 않으려고 열심히 하였던 결과 건강히 살아

날 수 있었고 열심히 하였다고 교육을 받을 때마다 상장을 받게도 됩니다. 6년 반을 복역하고 출소하는데 그동안 사회는 너무도 많이 변해 있었고 막막하기만 했습니다. 마땅히 갈 곳이 없는 나는 15년 만에 고향인 제주도로 갑니다.

15년 이상을 소식 한번 주지 않았던 제가 어느 날 갑자기 들어서자 형님과 형수님은 놀라면서도 반갑게 맞아 주셨고 조카들도 좋아해 주어서 나는 잘 돌아왔구나 생각하면서 고향에서 살아보려고 했는데 몇 달이 지나서부터 눈치가 보이기 시작합니다. 아버지께서 나에게 유산으로 남겨 놓았던 땅에다 집을 지어서 조카에게 살도록 하겠으니 그 땅에 대해서는 간섭하지 말라는 식으로 반복해서 말을 했었고, 그 대신 밀감 밭을 조금 떼어 줄 테니 농사를 지으라고 하여 또다시 화가 치밀어 오르게 됩니다. 15년 전에도 새어머니를 내쫓으면서까지 욕심을 부렸고 세월이 지났어도 그 욕심은 여전 하구나 그래 잘 먹고 잘 살아라 속으로 욕을 하면서 말없이 또다시 고향을 떠나게 됩니다. 경기도 용인에 있는 신갈이라는 곳, 이곳에는 청송감호소에 있을 때 함께 생활했고 한글을 모르기 때문에 그 사람 대신 내가 편지 대필을 해주면서 알게 된 그 사람의 여동생이 살고 있었습니다. 남편과 사별하고 딸셋과 아들 한 명과 살면서 오빠에게 자주 편지를 하곤 했었는데 오빠가 글을 못 쓴다는 것을 알았고 대필자인 나에게 고맙다는 인사를 시작으로 해서 몇 년간 편지를 주고받았고 속마음까지 털어놓을 정도로 친숙해졌던 그 사람을 찾아가게 된 것입니다. 그녀와 자녀들은 나를 예전부터 가족이었던 사람처럼 맞아 주었고 도착하는 날부터 그 집에서 살게 됩니다. 하루아침에 아내와 딸 셋 아들 하나가 생겨 버린 것이지요. 가족이 생긴 나는 무엇이든 하여야겠기에 길거리에서 호두과자와 어묵 장사를 시작하게 됩니다. 리어카에 호두과자를 굽는 기계와 어묵을 끓일 수 있는 것을 설치하여 직접 반죽을 개발하였고 어묵 국물도 직접 만들어 장사를 하게 되는데 예상외로 장사가 잘 되었는데 그 지역 건달들이 자릿세를 내라고 시비를 걸어왔고 때로는 협박성 발언까지 해오자 참지 못한 저는 그들과 싸움이 붙었고 상대방의 이빨이 3대나 부러지게 되면서 경찰서에 가지 않으려고 합의를 보는데 장사하는 모든 것을 그대로 넘겨주는 조건으로 합의를 하게 됩니다. 그자들에게 반죽하는 법과 어묵 국물 만드는 레시피까지 알려준 다음 손을 떼게 됩니다. 이번에 택한 일은 기사 친목회 사무실 소장직이었는데 그곳은 승합차를 가지고 있는 사람들이 모여 일거리를 만들어 가는 곳인데 12인승부터 버스까지 학생들 통학이나 학원생들 등. 하교 그리고 회사원 출퇴근 그 외에 시간은 식당의 단체손님들 태워다 주는 일을 하면서 그에 대한 대가를 받는 곳인데 마침 그곳을 맡고 있었던 사람이 건강상의 이유로 고향인 해남으로 내려가게 되어서 저에게 맡아 달라고 하였는데 그 이유는 차를 가지고 있지 않았고 호두과자 장사하던 곳과 가까운 곳에 사무실이 있었기 때문에 그곳 기사들과 친해졌었기 때문에 저에게 놀지 말고 거기서 용돈이라도 벌라고 맡겨 주었던 것입니다.

그곳을 맡게 된 나는 새로운 방식으로 일자리를 만들어 기사들에게 도움을 주려고 차가 필요한 회사들을 찾아다니면서 차종에 관계없이 지입차를 사용해달라는 PR을 하게 되었고 지입차가 필요한 회사와 계약을 하고 기사들을 모집하여 일자리를 제공해주고 소개비를 받아 관리를 하면서 제법 많은 돈도 벌게 됩니다. 이렇게 2년이 지났을 때 함께 살던 사람이 사무실 회원이었고 젊은 사람과 바람이 났고, 고급 승용차를 구입해 주기로 하였고 불륜 현장도 제가 목격하게 되면서 나는 그 집에서 나오게 됩니다. 오로지 돈을 벌겠다는 일념으로 일에만 빠졌는데 한 여인이 나타났고 그녀의 유혹에 빠지게 되는데 그녀는 계획적으로 나에게 접근한 사기 도박단의 일원이었던 것입니다. 그런 줄도 모르고 나는 빈털터리가 될 때까지 그녀와 함께 도박을 하게 됩니다.

빈털터리가 된 나는 15인승(토픽) 중고 승합차를 싼 값에 구입하여 생활비를 벌려고 노력합니다. 그렇게 살고 있는 나를 가엾게 보신 지인이신 갈빗집 사장님께서 자신의 식당 주방에서 일을 하는 사람을 소개하였고 그녀와 마음이 통하여 혼인 신고를 하고 부부로 살게 됩니다.

바로 그녀가 아들까지 선물해준 고마운 아내였습니다. 기쁨도 잠시뿐 도박 빚 대문에 신갈을 떠나야 했고 아무에게도 알리지 않은 체 발안으로 가서 택시운전을 합니다. 택시도 그럭저럭 괜찮았는데 그놈의 도박 때문에 6개월 만에 또다시 쫓기다시피 충주로 내려오게 됩니다.

아내의 친정이고 둘째 오빠가 건축 일을 하면서 살고 있는 충주로 내려와 처남의 도움을 받으면서 살고 있던 중 나는 새로운 일을 시작하게 되는데 심부름센터였습니다. 불법적 영업인데 주로 하는 일은 불륜현장을 잡아주거나 돈을 빌려주고 받지 못하는 것을 해결해주는 나쁜 일을 시작하는데 지역 광고지에 광고를 실었는데 의뢰가 넘쳐났고 빈털터리로 시작했는데 1년쯤 지나자 부자 소리를 들을 정도로 수입이 좋았습니다. 일이 잘되고 돈이 벌리면 그것으로 만족하며 살아야 하는데 다른 마음을 먹게 됩니다. 의뢰인 중 남편이 다른 여자와 서울에 살림을 차린 것 같다고 조사해 달라고 연락을 해온 여인과 만나는 순간 그녀와 나는 한눈에 호감을 가지게 되었고 이중 삶을 하게 되는데 어느 날 임신 3개월이란 말을 듣고 아이를 낳아 줄 것을 부탁하는데 그녀도 낳겠나는 약속을 합니다. 남편과의 이혼소송 중이라 아이를 낳고 키우면서 살겠다고 하였는데 갑자기 그녀의 행방이 묘연해졌고 한 달 만에 나타났지만 만나주지도 않는 겁니다. 이유를 알아본즉 올케언니와 영주병원에서 유산을 시키고는 다른 남자를 만나 재미있게 여행을 다닌다는 것이었습니다. 나에게 한마디 의논도 없이 유산을 시켰고 다른 남자와 만난다는 것이 나를 화나게 하였고 마시지 않던 술까지 마시게 만들면서 타락의 늪으로 빠져들어갈 때 알고 지내던 몇몇 지인들끼리 작당하여 사기 도박꾼들과 짜고 나에게 접근하여 딱 15일 만에 벌어두었던 것은 물론 사채까지 쓰게 하여 싹쓸이하고 사라집니다. 나는 그녀 때문에 이렇게 되었다는 원망의 마음이 되었고 그런 나의 마음을 알고 있던 처조카 친구(공범으로 무기징역 받음)가 가만히 두면 안 되니 혼내주자고 꼬드기는 바람에 큰 사고를 저지르게 됩니다. 살인이라는 범죄를 말입니다. 그때 내가 하나님을 알았더라면 절대로 살인의 죄를 범하는 일은 없었을 것이란 생각을 지금은 많이 합니다. 성경 말씀을 알았기 때문에 처음부터 간음의 죄를 짓지 않았을 것이기 때문입니다. 그런데 그 당시 나는 하나님을 믿는 사람들을 가장 싫어하였고 미신 숭배에 빠져 있었던 것입니다. 과연 나의 행동이 타당한 것인가? 나는 수없이 후회하고 반성하기도 하였습니다. 나는 어릴 때부터 미신을 믿는 가정에서 자랐습니다. 마을 전체가 귀신을 믿었고 기독교나 천주교 즉 십자가가 그려진 종교라면 학을 띠었고 그것을 믿는 사람이 동네에 한 사람이라도 생길 때는 누구를 막론하고 동네에서 쫓아낼 정도로 철저히 미신 숭배에 빠져있는 곳에서 살았기 때문에 하나님이란 말조차 듣기 싫어했었습니다. 고향을 떠나 부산과 울산, 서울, 용인, 중구, 제천 등에서 살면서도 단 한 번도 교회에 대한 관심도 가져 본 적이 없었고 교회에 다니는 사람들과는 말도 하지 않을 정도였습니다. 이곳에 들어와서도 기독교를 믿는 사람들과는 같은 거실을 쓸 수 없다고 날마다 싸우고 투정을 부리기도 하였으니 하나님이 보시기에 얼마나 한심하다 하셨을까요? 그런 저를 불쌍히 여기신 하나님께서 죄 사함 받을 수 있는 기회를 주셨고 죄를 자복하는 저를 받아 주셨던 것입니다.

할렐루야!
나는 자랑할 것이 하나도 없었습니다.
세상 적 삶에는
그러나 이제는
자랑할 것이 너무 많아졌습니다.
주안의 삶 속에는

예전 삶에는 살아도 산 것이 아니었으나
주님의 자녀로 거듭나고서야
진짜 삶이 시작되었습니다.
이렇게 변화되는 계기가 나에게 주어진 것입니다.

1995년 12월 크리스마스를 하루 앞둔 저녁에 범죄를 저질러 놓고 도망 다니다가 96년 8월에 수원에서 검거되어 사건이 일어난 제천으로 가게 됩니다. 1심 재판을 제천 법원에서 마치고 그 해 10월에 대전 교도소로 이송되어 2심과 상고심까지 받게 되는데 모든 재판은 97년 4월 말까지 종료됩니다. 검거되고 사형 확정이 되기까지 약 9개월 그리고 형 확정이 되고부터 1년 하루하루가 피를 말리는 듯 한 고달픔의 연속이었습니다. 두 명의 소중한 생명을 죽음으로 몰아넣은 악질적인 죄인이 반성은커녕 다른 사람들을 괴롭히거나 나 혼자 살겠다는 생각만을 가지고 살게 됩니다. 토요일부터 금요일까지 아침이 되면 오늘이 마지막 날이 아닐까 하는 불안감에 사로 잡혀 있어야 했고, 오전이 지나 오후가 되어서야 아 오늘도 살았구나! 안도의 숨을 몰아쉬면서 다른 수용자들을 괴롭히는 반복된 생활을 하였던 것입니다. 1997년 12월 31일 날 오전에 사형 집행이 있었기 때문에 그런 불안감속에 살았는지도 모릅니다.

이렇게 사는 동안에도 기독교인들을 미워하는 그 성질머리는 여전했다는 것입니다. 옆 사동(기독교 사동)에서 찬송가를 부르기만 해도 오만 욕설을 퍼부으면서 예수 믿으러 여기 왔냐고 외쳤고 철창을 후려치면서 통성으로 기도 하는 것을 못하게 하라고 교도관에게 항의를 하는 등 이기적이고 안하무인처럼 행동하던 나에게 봄 햇살 같은 맑은 날이 찾아들게 됩니다. 하나님께서 이 죄인을 불쌍히 여기시고 기회를 주셨던 것입니다. 추악한 모습을 벗고 새로운 인생을 잠시라도 느껴보라고 기회를 주셨던 것이지요.

1998년 5월 하순 경 이빨이 너무 아파 의료과에 치료차 가게 되었는데 그곳에서 근무하는 교도관 한 분과 만나게 되는데 그분이 저를 엑스레이 실로 데리고 가서는 대뜸 하시는 말이 하나님을 한번 의지해 보라는 것이었습니다. 그리고 오래된 성경책 한 권을 주시면서 자신이 오래 동안 보았고 아끼는 것이라면서 읽어 보라는 것입니다.

매일 찬송가 소리만 들려도 욕설을 퍼부었고 기독교인들을 싫어하는 나에게 성경을 주다니 그것도 처음 본 나에게 하나님을 의지해 보라는 말을 하다니 속으로는 화가 치밀어 올랐지만 온전

하게 치료를 받기 위해선 지금은 참을 수밖에 없다는 생각을 하면서 성경을 손에 들고 가서 치료를 잘 받고 사동 거실로 돌아오게 됩니다. 기분이 별로였던 나는 거실에 들어서면서 들고 온 성경책을 책상에 던져 버리고 자리에 누워 담요를 뒤집어쓰고는 아침까지 잠을 잡니다. 다음날 아침 기상 시간이 되었는데도 나는 꼼짝 하지 않은 체 제발 오늘도 그냥 넘어가 주길 바라고 있을 때 옆 사동에서 부르는 찬송가 소리가 들려오는데 어제처럼 듣기 싫은 소리가 아닌 왠지 자꾸만 귀를 세우고 듣고 싶다는 생각이 들게 하는 겁니다.

세상에서 방황할 때 나 주님을 몰랐네
내 맘대로 고집하며 온갖 죄를 저질렀네
예수여 이 죄인도 용서받을 수 있나요
벌레만도 못한 내가 용서받을 수 있나요

나중에 가사를 알려 달라고 부탁하여 확실한 가사를 알게 되었지만 이런 내용의 노래였고 꼭 나를 두고 하는 소리처럼 들려오면서 뒷머리를 무언가에 강하게 맞은 것처럼 띵 해 왔고 가슴이 울컥하면서 눈물이 나는 겁니다. 어제 까지만 해도 욕설로 화답을 하였던 내가 하루 사이에 눈물이 고이다니 있을 수 없는 일이고 무언가 잘못된 것이라 혼자 말을 하면서 담요로 머리를 감싸 보았지만 터져버린 눈물샘은 멈추지 않았던 것입니다. 그때 내 곁으로 다가와서 "우리도 찬송할까요" 하고 말하는 사람이 있었는데 그는 평상시 내가 무섭다고 가까이 오지도 않았었고 눈을 마주치려고 하지 않았던 천주교 신자인 거실 동료였습니다. 그는 전날 내가 가지고 와서 화를 담아 던져 버렸던 성경을 가지고 다가와서는 그런 말을 했던 것입니다. 다른 때 같았으면 욕설과 함께 주먹을 날렸을 텐데 담요를 걷어내고 그 사람과 405장(현 305장)인 나 같은 죄인 살리신 주 은혜 놀라워 잃었던 생명 찾았고 광명을 얻었네 4절까지 부르는 동안 목소리가 나오는 것인지 눈물 섞인 콧물을 훌쩍이는 것인지 분간할 수 없는 노래를 부르며 울었고 다른 동료들도 덩달아 눈물을 흘리는 이상한 일이 벌어지게 됩니다. (얼마 후 그들 모두 기독교 신자가 되어 아침마다 예배를 함께 드리게 되었고 출소 후에도 교회에 다닌다는 연락을 받게 됨)

 그날 저녁 늦은 시간인데도 잠은 오지 않고 자꾸만 아침에 들었던 세상에서 방황할 때 와 내가 생전 처음 부르며 울었던 나 같은 죄인 살리신 그 가사들만 떠올리게 되면서 성경에는 어떤 말들이 적혀 있을까 궁금해지고 호기심이 생기는 것입니다. 다른 사람 모두 깊은 잠 속에 빠져 있었기에 나는 살며시 일어나 책꽂이에 있는 성경을 가지고 와서는 담요로 가림 막을 만들어 불빛만 들어오도록 한 다음 성경을 펼치게 됩니다. (가림 막을 한 것은 다른 사람이 보면 창피해서) 난생처음 성경을 펼치고 보았던 구절은 『건강한 자에게는 의원이 쓸 데 없고 병든 자에게라야 쓸데 있느니라 의인을 부르러 온 것이 아니라 죄인을 부르러 왔노라(마태

복음 9장 12~13절)』였고 그것을 보는 순간 뭐 이런 말이 있어 건강한 사람은 병원이나 의사를 찾을 필요가 없는 것은 당연한 것이고 아픈 사람에게 의사가 필요한 것이 뻔한 일인데 다 아는 사실을 왜 이렇게 거창하게 만들어 놓았을까 하면서 다른 곳을 보게 되는데 그곳에는 『수고하고 무거운 짐 진 자들아 다 내게로 오라 내가 너희를 쉬게 하리라(마태복음 11장 28절)』였습니다. 역시 이해가 가지 않는 말이라 생각하면서 괜히 봤어하고 성경을 치우려 하는데 책갈피가 꽂혀 있는 것을 보게 되었고 그곳을 펼쳤는데 빨간색 볼펜으로 밑줄을 그어 놓은 곳을 보게 됩니다. 『주 예수를 믿으라 그리하면 너와 네 집이 구원을 얻으리라(사도행전 16장 31절)』란 내용이었습니다. 이것을 보는 순간 전기에 감전된 것처럼 온몸이 찌릿해오면서 사랑하는 가족들이 눈앞에 보이는 듯 히였고, 나 때문에 힘들게 살고 있을 가족들에게 무언가라도 해 주고 싶다는 생각이 들면서 나도 모르게 하나님 도와주세요! 하고 소리를 지르게 되었고 곤하게 잠을 자던 사람들 잠도 깨웠으며 근무하던 직원도 무슨 일인가 하고 달려오는 해프닝이 벌어집니다. 그날 이후 나의 행동과 말 자체도 바뀌게 되면서 하나님의 자녀 되길 기도하게 됩니다. 2년 동안 성경공부와 필사에 빠져 들었고 2000년 7월에는 세례도 받기도 하면서 하나님을 믿는 자들을 핍박하던 인간에서 오히려 욕을 먹으면서도 전도하려고 물불을 가리지 않는 자로 변하게 됩니다. 사도 바울의 삶에서 얻은 교훈들을 토대로 전도하는 생활을 하면서 형님과도 화해를 하는데 창세기에서 요셉이 형제들을 용서하는 장면을 보면서 나는 정말 어리석은 생각으로 살아왔구나, 회개하면서 형님께 먼저 편지를 하였고 편지를 받아본 형님께서도 눈물을 흘렸고 바로 접견을 오기도 하였습니다. 지금은 돌아가셨지만 그때 화해로 지금은 조카와 가까운 사이로 발전하여 접견을 오고 한 달에 한두 번 전화도 하는 사이가 됩니다.

믿음을 가지고 말씀에 순종하여 전도의 삶을 살아온 지 22년 그동안 많은 사람들에게 하나님과 예수 그리스도의 사랑을 전하였고 앞으로도 이 마음 변함없이 행하며 살겠다는 각오를 다지면서 실천에 옮기는 삶을 살아가고 있습니다. 요즘에는 이런 결심을 하기도 하였고, 그렇게 되려고 노력도 합니다. 필요한 사람이 되자 바로 필요 맨이 되자는 것입니다. 착한 사람 좋은 사람 선한 사람도 좋지만 나는 모두가 필요로 하는 사람이 되자는 생각으로 새로운 방식의 삶을 개척하여야겠다는 것이 저의 마지막 삶의 목표로 삼게 되었던 것입니다. 누구든 어디든 내가 필요로 하는 곳이라면 무조건 달려가 필요한 일을 할 수 있는 사람 하나님께서 필요로 하실 때는 더욱 신속하게 달려갈 수 있는 자 아픈 형제가 있으면 곁에서 간호해주고 괴로움 당한 형제에게는 위로와 함께 같이 아파하며 용기를 줄 수 있고 누구든 나를 필요 맨으로 사용해 줄 수 있는 길을 가려는 것이 나의 마지막 소망이며 하나님 자녀로 살아가게 된 은혜에 대한 예의라 생각하게 된 것입니다.

- 나의 다짐은 필요 맨으로 살고자 함에 있다 -

착한 사람 좋은 사람 선한 사람도 좋지만
나는 모두에게 필요한 사람이 되고 싶어요

나쁜 놈 더러운 놈 미친놈 불효한 놈 이상한 놈 상종 못할 놈
죽일 놈 불쌍한 놈 소리가 아닌
그놈 참 필요한 놈이야 이 소리가 듣고 싶어요

쓸데없는 인간 민폐만 끼치는 인간 망할 놈의 인간으로 분류되는 것이 아니라
   모두에게 도움이 되고 친구가 되는 꼭 필요로 하는 인간이 되고 싶어요

   아픈 자 있으면 찾아가 치유의 손이 되어주고
   외로움에 눈물 흘리는 자 있으면 달려가 위로와 벗 되어 힘이 되어주고
   자식이 필요한 곳에는 자식으로 부모가 필요한 곳에는 아버지로

   필요한 곳이라면 그 어디에라도 달려갈 수 있는 필요 맨이 되고 싶어요
   그리고 항상 지금에 감사하며 살려고 합니다.

현재의 건강상태가 좋지 않다고 해서 불안 해 하는 것이 아니라 온전한 다른 곳이 많다는 것에 감사하고 숨을 쉬고 말을 하고 이렇게 글을 쓰기도 하며
　하나님의 말씀을 전할 수 있는 지금 오늘의 나의 모습에 감사하며 살겠다는 것입니다.

　예전에 건강문제로 오래 살지 못한다는 병원 진단이 있었을 때도 치유해 주셨고 2018년과 2019년 두 차례 안면근육마비가 왔을 때도 오래지 않아 치유해주신 주님이 항상 곁에 계심을 알기에 감사하며 그분의 자녀 된 자로서의 본분을 잃지 않고 필요한 자로 살기로 소망하면서 간증을 마칩니다.

구 천 구

하나로 선
-사상과 문학-

영원히 시들지 않는
      십자화(十字花)

초판1쇄발행 2022년 1월 12일

지 은 이 구천구

펴 낸 이 박영률
펴 낸 곳 하나로 선 사상과 문학사
인쇄기획 엔크

출판등록 제2012-000301호
주   소 서울시 마포구 토정로198 영풍@101동 상가 204호
전   화 02) 326-3627
팩   스 02) 717-4536

메일주소 holyhill091@hanmail.net

I S B N 979-11-88374-34-2 03810
정   가 10,000원

* 인지는 저자와 합의하에 생략하며 잘못된 책(파본)은 교환해 드립니다.